# Najbolji Ljubavnik za Mir u Svijetu

## Zašto Ujedinjenih nacija krše svoje zakone?

## Morate znati svoj ljudska prava!

**Dr. Badal Kariye**

I

# Zahvalnost

Uspomeni na moje bake Ardo Elmi Mohamed, koji je poznat kao njen nadimak Ardo Dudi, doslovno značenje kao i "The Cripple Ardo," je doveo do dobro da se ponašaju sa ljudima društveno i ljubazno kada se susretnem s njima u svakoj prilici.

Moja baka, ti si jedan od mojih najboljih prijatelja i pravi heroina u mom životu, iako nisi više s nama na ovom svijetu, uvijek molim Bogu za oproštaj i večni mir u daljem tekstu.

Znala sam da me dosta razmišljao u ovom svetovni život koji nisam mogao ovladati to prije nego kad si sa nama na ovom svijetu, međutim; Trenutno sam ga mastering mudro.

Ja također osobno zahvaliti mojoj majci tetka Shugri Ato "The Thin Shugri", koji je također igrao značajnu ulogu kako bi se meni, i konačno sam zahvaliti moj otac, majka, ujaci, braća, sestre, rođaci i prijatelji

Ne mogu da zaboravim zahvaljujući moju voljenu nastavnika i profesora koji me je dobro naučio u kreativnog pisanja, lingvistika, književnost i politike komparativne.

Ti si moj heroji!

Moj Bog vas blagoslovio!

II

## Napomena iz Autor

Ja sam rođen u Demokratskoj Republici Somaliji gdje sam pobjegao iz građanskog rata u 1991. godini na susjednoj Keniji gdje sam živi kao izbjeglica, a emigrirao sam u Sjedinjenim Američkim Državama u 2006. godini, gdje sam postao naturalizovani američki državljanin.

Putovao sam više od bilo koje druge zemlje političara i autora kao izbjeglica istraživač, novinar, stručnjak za sigurnost i multilateralna diplomata koji je želio da ovladaju jezika i književnosti, a ja volim da upoznam ljude i razmijene znanja za boljim rješenjima.

Ja sam sretan da biti poznati učenjak i pisac koji je napisao neke od najboljih knjiga u ovom planetarnom svijeta jer je moj vizionar misija je da se ne bogati ili da se poznate osobe, ali ja samo želim da se ostavi vrijedne knjige koje mnoge generacije mogu i da će imati koristi za proučavanje i razumjeti stoga; oni mogu služiti čovječanstvo u dostojanstvu.

Ja bih iskreno savjetujem da nađeš odličan učenjak ili savjetnik vas naučiti pravo sekularne znanje u ovom svijetu, a vi ne napuštajući svoj religijskih dogmi.

Pomozimo našem svijetu građanima i držati svijet sigurnije mjesto za život u miru!

**Knjige**

1. Somali-Português ISBN: 9781304510006 on April 9, 1995, Nairobi, Kenya.by Badal W. Kariye.
2. Af-carabi Af-soomaali "Arabic-Soomaali" ISBN: 978-1-304-03066-5 published on 5th of May, 1996 in Nairobi Kenya by Badal W. Kariye.
3. English-Soomaali "A Teach yourself bilingual Course book," ISBN: 978-1-304-33282-0 published on on 5th of September, in 1997 by Badal W. Kariye.
4. Baro Tignoolajiga Casriga, May 4, 1997 in Nairobi-Kenya Qore/Writer Badal Kariye
5. Deutsh Soomaali ISBN: ISBN: 978-1-304-33928-7 published on June 25, 1999 in Nairobi, Kenya
6. Helping African Refugees with Small Scale Urban Programs for Survival on January 17, 1998 in Nairobi-Kenya by Badal W. Kariye
7. Ilayska Afafka Af-Soomaali-Français ISBN: 978-1-304-51538-4 "A Teach yourself Bilingual Course book," First Edition published on June 5, 1998 in Nairobi-Kenya by Badal W. Kariye, and Second Edition published on October 6, 2013 in Minneapolis, USA.
8. Français Af-Soomaali ISBN: 978-1-300-97884-8 Un livre de cours bilingues», publié le 5 June 1998, Nairobi, Kenya by Badal W. Kariye (Hunbul)
9. BARO AF-SOOMAALI-ENGLISH ISBN: 978-1-300-97795-7 Published on 20th of February, 1999, Nairobi, Kenya by Badal W. Kariye (Hunbul)
10. Norska-Soomaali Bilingual Course Book ISBN: 978-1-300-98939-4 published on June 25, in 1999, Nairobi Kenya by Badal W. Kariye.
11. KISWAHILI-SOOMAALI Hii kozi Kiswahili kwa lugha mbili-Somali ISBN: 978-1-300-97814-5 kuchapishwa kwenye Juni 25, 1999 Mjini Nairobi, Kenya by Badal W. Kariye (Hunbul) 12. SVENSKA-SOOMAALI ISBN: 9781300978572 Lär Svensk-Somaliska Tvåspråkig kursbok Publicerades Den 15 Mars, 2000 Nairobi, Kenya by Badal W. Kariye (Hunbul)
13. Español-Soomaali ISBN: 978-1-300-98174-9 published on September 15, in 2001, Nairobi Kenya by Badal W. Kariye.
14. OROMIFFA-AF-SOOMAALI ISBN: 978-1-300-97800-8 published on May15, in 2002, Nairobi Kenya by Badal W. Kariye.
15. Português-Somali ISBN: 9781304504272 published on September 9, 2002 in Nairobi, Kenya
16. Italiano-Soomaali ISBN: 978-1-304-34947-7 published on June 12, in 2003, Nairobi Kenya by Badal W. Kariye.

17. Swahili-Somali Kamusi ISBN: 978-1-4276-4479-4 "First Bilingual and Plurilingual Dictionary." published on 23th of December, 2009 by Aardvark Global Publishing Inc. Registered in UNESCO ID NO. 186772 - Swahili/Soomaali Kamusi. Af-Sawaaxili/Af-Soomaali Qamuus. Kariye, Badal Salt Lake City, UT, Aardvark Global Publishing, 2009. 545 p. (Plurilingual; Somali, Swahili). Main descriptors: Swahili, Somali, dictionaries Secondary descriptors: African languages CALL NO: D 496.354.493.5 SWA. http://unesdoc.unesco.org/Ulis/cgi-bin/ulis.pl?catno=186772&set=4B69FBEE_3_124&gp=1&lin=1&ll=1 ISBN: 978-1-4276-4479-4
18. The Chopped Love in My Heart ISBN: 978-14276-4448-0 published in 2009 P201 by Salt Lake City, UT, Aardvark Global Publishing, USA.
19. The Genius Lover "We need Family," ISBN: 978-1-4490-8209-3 (sc) ISBN: 978-1-4490-8210-9 (e) published on February 24, 2010 by Author House, USA.
20. The Kaleidoscopic Lover "The Civil War in the Horn of Africa and My Itinerary for a Peace Lover" SBN: 9781452004631 (sc) on July 20, 2010 published by Author House, USA
21. The Political Sociology of Security, Politics, Economics & Diplomacy "Quicker Academic Path for Good Governance ISBN: 9781452085463 (sc) ISBN: 9781452085470 (e) on December 16, 2010 published by Author House, USA.
22. The Queen of Lovers "We need you," ISBN: 9781463415570 published on 1st of January, 2011 by Author House, USA.
23. The Nice Lover "My Interests for Better Future," ISBN: 9781468554199 (sc) published on 17th of February, 2012 by Author House, USA.22. The Lost Lover: I Fed up With the Urbanized Lifestyle Then I Returned to the Countryside for A Wise Bride ISBN-10: 9781477278796/ISBN-13: 978-1477278796 published on 31st October, 2012 by Author House, USA
24. The Nobel Prize "I am the Knowledge Contributor for Literature & Peace in the 21st Century."
25. My Official Race To The Office of the Next Secretary-General of the United Nations ISBN: 978-1-304-35835-6 published on August 24, 2013 by Lulu
26. Soomaali-Itaaliano ISBN: 978-1-304-52321-1 published on August 29, 2013 in USA
27. Soomaali-Español ISBN: 978-1-304-51765-4 published on October 7, 2013 in USA
28. Somali-Deutsch ISBN: 9781304520319 published on October 7, 2013 in USA.
29. Soomaali Svenska ISBN: 9781304527189 published on October 9, 2013 in USA
30. SVENSKA ENGLISH "Pocket" ISBN: 978-1-304-54701-9 published on October 17, 2013 in USA.
31. DEUTSCH ENGLISH SOOMAALI ISBN: 978-1-304-54987-7 "Pocket" published on October 19, 2013 in USA.

32. ItALIANO ENGLISH SOOMAALI ISBN: ISBN: 978-1-304-55788-9 "pocket" published on October 22, 2012 in USA.
33. My Official Race To The Post of the Next Secretary-General of the United Nations ISBN:9781312123236 published on April 21, 2014 in USA
34. A Book of African Writers "Know and Read the Names of the Best African Authors, ISBN: published on June 10, 2014 in USA
35. A Book of South & North American Writers ISBN: 978-1-312-26849-4 published on June 10, 2014 in USA
36. A Book of European Writers, ISBN: 978-1-312-27415-0 published on June 12, 2014 in USA
37. A Book of Oceanian Writers ISBN: 978-1-312-27773-1 published on June 14, 2014 in USA
38. Svenska-English Svenska-Soomaali Soomaali-Svenska ISBN: 9781312325968 published on July 3, 2014 in USA
39. Deutsch-Soomaali Soomaali-Deutsch ISBN: 9781312327825 published on July 2, 2014 in USA
40. NORSK AF-SOOMAALI/SVENSKA AF-SOOMAALI ISBN: 978-1-312-33002-3 published on July 3, 2014 in USA
41. A Book of Asian Writers ISBN: 9781312516588 published on September 13, 2014 in USA
42. A Book of World Authors Or Writers ISBN: 978-1-312-51920-6 published on September 13, 2014 in USA
43. My Official Race To The Office of the Next Secretary-General of the United Nations ISBN: 978-1-312-71541-7 published on November 29, 2014.
44. The Stolen Newborn Baby In the Maternal & Child Health Clinic ISBN: 9781312768505 published on January 1, 2014 in USA.
45. If You Love Me Then Don't Get Jealousy ISBN: 9781329124486 published on May 8, 2015 in USA.
46. My Official Race To The Office of the Next Secretary-General of the United Nations ISBN: 9781329516991 published on 29th of August, 2015 in USA.
47. Поощрение Любовник в мире «Любовь, ненависть, преступления и беженцы» ISBN: 978-1-329-60887-0 опубликовано 10 октября 2015 года в США.
48. Somali Barış Teşvik, ISBN: 978-1-329-61087-3 Aşk, nefret, suç ve mülteciler: ABD'de 10 Ekim 2015 yayınlandı
49 El Fomento Del Amante De La Paz "Amor, Odio, crímenes y Refugiados" ISBN: 978-1-329-61178-8 publicada el 10 de Octubre de 2015, En los Estados Unidos de América.
50. The Best Lover For Peace in the World, published ISBN: 978-1-329-62069-8 on October 14, 2015 in USA.

51. Лучший любовник для мира во всем мире, опубликовано 14 октября 2015 года в США.
52. Mpenzi Kwa Amani Duniani, Kwa nini Umoja wa Mataifa inakiuka Sheria yake ISBN: 978-1-329-62313-2 kuchapishwa Oktoba 15, 2015 katika Marekani.
53. El Mejor Amante Por La Paz En El Mundo ¿Por qué las Naciones Unidas viola sus Charters? ISNB: 978-1-329-62306-4, Publicado el 15 de Octubre de 2015, en Los Estados Unidos de América
54. दुनिय में शंति के लिए सबसे अच्छा प्रेमी क्यों संयुक्त राष्ट्र अपने कानून का उल्लंघन करती है? ISBN: 978-1-329-62687-4 अक्टूबर १६, २०१5, उसे यूनाइटेड स्टेट्स ऑफ़ अमेरिका
55. Bästa Kärlek för Fred i Världen, Varför FN bryter mot dess lagar? ISBN: 978-1-329-62713-0, 16 Oktober 2015 i Förenta Staterna.
56.Mapagmahal sa kapayapaan sa Mundo ISBN: 978-1-329-62854-0 Nai-publish sa Oktubre 17, 2015 sa Estados Unidos ng Amerika
57. Cinta Terbaik untuk Keamanan di Dunia, Mengapa Bangsa-Bangsa Bersatu melanggar Charters itu? ISBN: 978-1-329-62866-3 diterbitkan pada 17 Oktober 2015, Amerika Syarikat
58. Le Meilleur Amant Pour La Paix Dans Le Monde ISBN: 978-1-329-62896-0, publié le 18 Octobre,
59. 最好的情人為世界和平 為什麼聯合國違反其章程？ISBN: 978-1-329-63121-2, 發表於二〇一五年十月十九日在美國
60. Promover A Paz No Mundo "Amor, Ódio, Delito & Refugiados" ISBN: 978-1-329-63368-1 publicado em 20 de Outubro de 2015 nos Estados Unidos da América
61. Der Beste Liebhaber für den Frieden in der Welt, warum die Vereinten Nationen gegen das Gesetz verstößt? ISBN: 978-1-329-63542-5 am 21. Oktober 2015 in den Vereinigten Staaten von Amerika veröffentlicht
62. أفضل محب للسلام في العالم ISBN: 978-1-329-63807-5
نشرت يوم ٢٢ أكتوبر ٢٠١٥ في الولايات المتحدة الأمريكية
63. وتعزيز العشاق في السلام ISBN: 978-1-329-64070-2
نشرت يوم ٢٣ أكتوبر ٢٠١٥ في الولايات المتحدة الأمريكية
64. KJÆRLIG FRED Kjærlighet, Hat, Forbrytelser og Flyktninger ISBN: 978-1-329-64279-9 publisert 24. Oktober 2 015 i USA
65. دنیا میں امن کے لئے سب سے بہتر کے پریمی ISBN: 978-1-329-64554-7
ریاستہائے متحدہ امریکہ میں ۲۵ اکتوبر، ۲۰۱۵ پر شائع
66. 世界における平和のため最高の恋人 ISBN: 978-1-329-64726-8, 米国で二千十五年十月 二十 六 日に公開されました
67. Parasta Rauha Maailmalla ISBN: 978-1-329-64967-5, julkaistu 27. lokakuuta 2015 Yhdysvallat
68. PHÁT HUY HÒA BÌNH ISBN: 978-1-329-65156-2, công bố trên ngày 27 Tháng Mười năm 2015 tại Hoa Kỳ

69. Il Miglior Amante per la Pace nel Mondo ISBN: 978-1-329-65197-5, pubblicato il 28 ottobre 2015 negli Stati Uniti d'America
70. Inganta Zaman Lafiya A Duniya ISBN: 978-1-329-65810-3, da aka buga a kan Oktoba 31, 2015 a Amurka na Amurka
71. বিশ্ব শান্তির জন্য শ্রেষ্ঠ লাভার ISBN: 978-1-329-66524-8, মার্কিন যুক্তরাষ্ট্রের ৩ নভেম্বর, ১০১৫ তারিখে প্রকাশিত
72. Die Beste Minnaar vir Vrede in die Wêreld ISBN: 978-1-329-67163-8, gepubliseer op November 6, 2015 in die Verenigde State van Amerika
73. The Fostering Lover in Peace "Love, Hate, Crimes & Experience." ISBN: 9781329523319 published on November 6, in 2015 in USA.
74. Liefdevolle Vrede IBN: 978-1-329-67210-9, gepubliseer op November 6, 2015 in die Verenigde State van Amerika
75. Elskandi Friði í Heiminum ISBN: 978-1-329-67436-3, birt þann 7. nóvember 2015 í Bandaríkjunum
76. Ο καλύτερος εραστής για την Ειρήνη στον Κόσμο ISBN: 978-1-329-67588-9 που δημοσιεύθηκε στις 8 Νοεμβρίου του 2015, στις Ηνωμένες Πολιτείες of America
77. Milujúci za Mier vo Svete ISBN: 978-1-329-67743-2, zverejnená 8. novembra 2015 v Spojených štátoch amerických
78. Grámhara um Shíocháin sa Domhan ISNB: 978-1-329-67790-6, a foilsíodh ar 8 SAMHAIN, 2015 sna Stáit Aontaithe Mheiriceá
79. Sülh Sevgi Dolu ISBN: 978-1-329-67880-4, Amerika Birləşmiş Ştatları 9 Noyabr 2015-ci il nəşr
80. Szerető Béke a Világban ISBN: 978-1-329-68042-5, Megjelent november 10-én 2015 az Egyesült Államok
81. Лепшы палюбоўнік для міру ва ўсім свеце ISNB: 978-1-329-68073-9 апублікавана 10 лістапад 2015 года ў Злучаных Штатах Амерыкі
82. Najbolji Ljubavnik za Mir u Svijetu ISBN: 978-1-329-68296-2, objavljeno 11 nov 2015 u Sjedinjenim Američkim Državama

# Sadržaj

# Poglavlje 1

Kao što sam bio najbolji ljubavnik na svijetu, a ja znam da su mnogi ljubitelji širom svijeta mogu misliti da sam hvalisav da sve što radim ili kažem, međutim; Želim da vam kažem da je kao ljubavnik, to je lako sviđa ili voljeti nekoga ili nešto, ali uvijek postoji nešto što fascinira da radiš nešto pogrešno ili ispravno.

To nije lako znati svoj najbolji ljubavnik, a ako želite da ga ili nju onda znati samotestirajuće ličnost da prati plodan najbolji ljubavnik je kao halucinarnog Freak Out gdje ćete gubiti prethodnog vremena za još 98%.

I tu neće biti dobre rezultate nakon mnogo godina istraživanja, ali postoje samo dva načina da se kompletan nadzor za najbolji ljubavnik u ovom svijetu. Naravno, svako od nas će Muškarac traži i ispuniti jedan od najboljih ljubavnika kako bi interakciju ili imati odnos u tako mnogo načina.

Pa, neki najbolji ljubavnici su sigurno dobri lažljivci koji nemaju namjeru da počne bilo kakvog sukoba, a oni spretno savladala da uvjeri druge strane djeluje kao transparentni kao što su utiču vas.

Saznao sam da su mnogi ljubitelji dijele jednostavan osjećaj, i oni vole da podijele svoje osjećaj za sve. Ako ne znate ko je najbolji ljubavnik na svijetu? Onda želim da vam kažem da ste jedan od najboljih ljubavnika u ovom svijetu dok koristite i spasiti sebe, okoliš i učiti druge za dijeljenje raspoloživih resursa jednako i mudro.

Kao što je porast broja stanovnika u svijetu, mi znamo da je najbolji ljubavnici postaju najbolji mrzitelji u odnosu na ograničenje raspoloživosti dijeljenje prirodnih resursa, a vidjeli smo mnoge zemlje koja je željela da se nametnu sankcije na druge zemlje.

Dakle, ono što mi mislimo?

Naravno, moramo educirati svjetske populacije da govore među sobom i uzeti u obzir kao jedan narod na istom brodu prije nego što je potonuo ovaj svijet pomoću oružja za masovno uništenje poznat kao nuklearna.

Što se političari vole da započnu borbu u nedođiji kada su u uredu onda vjerujem da oni ne procijeniti nakon krize njihove self-inventar sukoba koji su neke zemlje čak labav i susreću ekonomske katastrofe.

Pa, briga svijeta, a mi moramo zaustaviti politički kriminalci koji predstavljaju svijetu populacije kao diplomata u Vijeću sigurnosti Ujedinjenih naroda, kao i drugih međunarodnih organizacija, jer ne možemo izbjeći još jedan atomske bombe s rukama pogrešnih ljudi na vatru i eliminirati humanost na ovom planetarnom Zemlji.

Neka nas vole naš dom!

## Poglavlje 2

Pa, svi vole život, i moramo da volim ovu zemlju, jer je naš dom. Ja ne znam da li ste primijetili da je 20. stoljeća postala stoljeća za izradu oružja u pakao.

Kao što sam pročitao mnoge neispričane tajne oružja i drugih bespilotnih vojnih mašine, Zadivljen sam da će u budućnosti upravlja samostalno automatizirani i umjetno projektirana roboti koji mogu i da će nadjačati ljudske kontrole slučajno.

Za posljednje četvrtine 20. stoljeća, radna mjesta brzo pala u kojoj se koriste kompanije i zamijenjen ljudskog rada s automatiziranim sistemima, a mi i dalje razvija više self-vožnje i funkcionisanje sistema automatizacije za sve tako, što je sljedeće?

Možda, u bliskoj budućnosti ćemo imati Roboti kao šefova država ili država!

Ovo nije šala!

To je dio predstojeće stvarnosti!

Čini se da smo mi, čovječanstvo su primati mašine da preuzme svoj posao, ljubavi i vremena. Danas smo svjedoci ljudi koji rade za privatne korporacije da nas uvjeriti kako koristiti mnoge proizvode u potražnji koje nikad nisu testirani ili odobren od strane vlade regulatornih agencija na lokalnom, regionalnom i univerzalno.

To se događa svaki dan!

Svako ljudsko, životinja i životne sredine ima pravo da koristi ili se koristi legalno, ali znamo da su neke zemlje su iznad norme i načela međunarodnog prava i povelje Ujedinjenih nacija.

Dakle, da li smo spremni da se zaustavi korumpirane vlade?

I kako možemo prestati da korumpirana i flip-sve mašući diplomate?

Ne možemo ne dugo prihvatiti naš dom kako bi postala svjetski pakao gde ne možemo spasiti čovječanstvo.

Zaista mi je stalo sve nacije u skladu s normama i načelima međunarodnog prava, kao i povelje Ujedinjenih naroda neminovno.

To je jako loše da mnogi lideri koji je služio kao glavni rukovodioci Ujedinjenih nacija nisu bili ljubavnici čovječnosti, jer su slušali korumpiranih diplomate i njihove vođe koji vode u svojim narodima da se brinu politički poslovne jednostrano umjesto multilateralno.

Moramo volimo naš dom!

Neka nas zaustaviti diplomatske ludilo u Ujedinjenim nacijama!

## Poglavlje 3

Postupajući kao pravnik da spasi čovječanstvo, životinje ili okoliš ne zahtijeva da bude genije ili dobiti diplome s bilo kojeg mjesta, ali to zahtijeva hrabrost da misle ljudski tako, možete sačuvati humanost, životinja ili okoliš.

Kao što znamo da je prvi ljudski je rođen bez stupnjeva!

Samo Allah ga je naučio svemu kroz anđeli, a ne možemo poreći činjenicu monoteističkih svete knjige.

Pa, ja znam da svako ljudsko je najbolji ljubavnik u ovom svijetu, jer nismo došli od majmuna ili majmuna, a mi smo zaista off-proljeće Aden i Eve. mnogi naučnici htio da zbuni ljude s neistinitih priča o ljudskoj i svijeta kreaciji najuzvišeniji tvorac.

To je najbolje vrijeme za razgovor i dijele istinu kao jedan od najboljih ljubavnika na ovoj zemlji. To je moja odgovornost da dijele istinu i moje razumijevanje o humanosti, životinje i naš dom - u sredinu u kojoj ne možemo ostaviti ili izlaz.

Mi smo rođeni, odrastao i da će umrijeti na ovoj zemlji!

Molim vas, moramo reći naši političari i diplomati da prestanu signalizaciju ovozemaljskom sudnjeg dana, i moramo ih ohrabriti da se u skladu sa normama i načelima međunarodnog prava.

U suprotnom; idemo na nuklearni rat!

Naravno, mnogi narodi i dalje pokušavaju da i posjeduju nuklearno oružje više od drugih, a znamo da je činjenica da oni ne mogu ni sa sigurnošću odgovoriti na prirodne katastrofe u najkraćem mogućem roku.

Dakle, ono što mislimo, ako prirodna katastrofa udari mjestu nuklearnog oružja ili rektori?

Možda, ne možemo nositi sa drugim atomskim katastrofa tako, ja bih rekao da svjetskih lidera i međunarodnih organizacija za provođenje regulatorne politike da zaustavi potražnja za nuklearno oružje među pet stalnih članica Vijeća sigurnosti Ujedinjenih naroda i druge nuklearne sile u usponu.

Usput, vidio sam mnoge sile u usponu sve formule da nuklearnog oružja u zamjenu prirodnih resursa, i ja vjerujem da su mnoge međunarodne organizacije su postupajući špijun entiteta pod okriljem tako m bilo međunarodnih organizacija.

Međutim; Zar nismo vidjeli špijun-majstori davao top tajni?

Nije nas briga koliko ste moćni! Ako ste gomile sa čovječnosti onda ste vlastitu osoblje može i da će razotkriti istinu bez obzira koliko to košta?

I dok zakon o slobodi informacija izlaza onda interne i eksterne zviždača može i da će doći naprijed da razotkrije vrh tajne da li ti se to ili ne.

## Poglavlje 4

Kao što smo već više o Prvom svjetskom ratu i Drugom svjetskom ratu, znamo da će treći svjetski rat biti gori ikada dogoditi, jer smo napravili oružje pakla.

Kao jedan od najboljih u svijetu ljubavnici u miru, ne slažem se sa zemljama koje su ili su trenutno ostvarivanju proliferaciju oružja za masovno uništenje.

Analizirao sam da mi nije mogao zaustaviti prije, i svi imaju odgovornost da djeluje i ohrabriti ljude da se ne razmnožava oružja za masovno uništenje. Nemamo još jedan dom, ako nastavimo da ošteti našem okruženju.

Istorijski, ako volite mir onda volimo prirodu. To je vrlo jasno da imamo sredstva za korištenje prirodnih resursa nego što mudro oružje za masovno uništenje.

Zaista mi je stalo da treba ulagati obrazovanje i razvijaju javne infrastrukture.

Mnoge nacije da firme koje naškoditi ljudi, životinja i okoliša, i mi tražiti više štete biznisa nego smanjivanje moguće štete protiv čovječnosti.

Realnost je mir, je i da će biti ključ za živjeti zajedno na ovoj zemlji mirno sa životinjama i okoliš. Ako vaša zemlja misli da može nadjačati svjetskim normama i načelima međunarodnog prava Thei.

Onda kao što su ko-postojeće trebamo da bi privukli našu pažnju kako možemo više diplomatski riješiti globalne krize? Jer, ako dva naroda napaja sa nuklearnim oružjem početi da se bore tada ćemo stvarno imati konstantnu suspenzije o njima da koriste oružje za masovno uništenje.

Dakle, mnogi izazovi se dešavaju na ovoj zemlji, a neke izazove treba riješiti mudro prije nego stvari izmaknu kontroli. Kao što smo vidjeli nisu nuklearni rat za nuklearni rat između ili među zemljama pogon nuklearne.

Mi smo još uvijek očekujemo nešto može poći po zlu!

Neke zemlje su čak i štete životinje za testiranje modernim oružjem, a znamo da je bilo mnogo neispričane priče i krize koja se odvija u moru i na zemlji.

To je vrlo mudro da pozove i riješiti sukobe prije nego što je van kontrole.

Ako Ujedinjene nacije ne može zaustaviti zemlju da nadjača i krši povelje Ujedinjenih nacija onda moramo reći nacijama Leadership Ujedinjenih Tor ostavku i da se izvini Thew svijetu građanima.

## Poglavlje 5

Mnoge zemlje su bolesni za dobijanje oružja za masovno uništenje, kada znamo da su zemlje koje su imale njih nisu u mogućnosti da održava i osigurati sigurnost svojih nuklearnih arsenala.

Ipak, oni napali druge zemlje za pretvarao da zaustave širenje nuklearnog oružja, dok smo zaista znali da je to sve o prirodnim resursima koje je Bog podario na uplela zemlje.

Žao mi je da kažem istinu o svjetskom miru!

Ako želimo živjeti u miru, na ovoj zemlji onda možemo raditi zajedno kao jedan čovječanstvo, jer vjerujem da ne postoji čovječanstvo bolji od čovječanstva, bez obzira na rasu ili političke pripadnosti.

Jednom kada ste čovječanstva onda ste živi lider ove zemlje, i tvoje hegemonijske baštine preživio generacije prije, a ona će opstati generacijama koje dolaze.

Ne možete dobiti sve u redu!

Moramo shvatiti da smo svi odgovarate na miru, a ako postoji mir onda ćemo svi opstati na ovoj zemlji.

Ne možemo znati naše greške na ovoj zemlji, dok smo i dalje prave iste greške svakodnevni tako, stigli smo na razinu pravimo i razmnožavaju štetno biološkog i kemijskog oružja.

Mi smo na to!

Moramo zaustaviti naše loše vođe prije nego što bi ovaj svijet izvan kontrole. Ako nije ih bilo briga za mir onda imamo pravo da ih zaustaviti prije nego što počnu trećeg svjetskog rata, gdje će početi koristiti nuklearno oružje.

I ne možemo hraniti siromašne tako, zašto se troše novac za moderne oružje?

Ja ne volim da zaustave kriminalne političare, a oni su među nama.

Pa, mnogi ljudi su sada razumijevanje kriminalac političari koji zeznula globalne norme i načela međunarodnog prava, a oni i dalje predstavljaju svijet građana u Ujedinjenim nacijama.

Kako bi bilo sjećanje na dobre stvari u svijetu?

Pa, želim da vam kažem da zločinački političari uvijek volim da bi privukli pažnju o lošim stvarima u svijetu, a oni obično se izvuku s tim.

Bolje probuditi da se brani čovječanstvo!

# Poglavlje 6

Pa, je li prihvatljivo 1% svjetske populacije da posjeduje 83% bogatstva svijeta? I zašto ne možemo dijeliti jednako resursa?

Pa, možete biti bogati, ali kako se 1% od najbogatijih ljudi svijeta i dalje kako treba?

Možda, ekonomska nepravda među ljudske rase u određenim geografskim područjima sipanje više sukoba nego sve ostalo, a mi smo vezani susret ekonomske nepravde lokalno i globalno.

Kada istina izađe onda mnogi u svijetu bogatstvo ljudi koriste medije promijeniti aktuelnim pitanjima i stvoriti zabavu za preusmjeravanje i prikriti realnosti širom svijeta.

Kao što je ekonomska nepravda je uobičajena stvar u mnogim mjestima širom svijeta, a mnogi narodi poreći da prijavi precizno. Zar to nije tužno?

Da, Fond Ujedinjenih nacija za stanovništvo i drugih međunarodnih organizacija pokušali za rješavanje ekonomske nepravde prilagođavajući programa smanjenja siromaštva.

Kao što je u svijetu raste stanovništvo onda ćemo se suočavaju s mnogim izazovima.

Mi nemamo šanse kada se uništavaju našu domovinu - zemlju!

Ako želimo da živimo onda je lako za nas da očuvaju i sačuvati naše prirodne domovinu i svojom ljepotom.

Molim vas, želim da vam kažem da mi se stalno uništavaju domovinu!

I mi smo još uvijek sreće u očuvanju i sačuvati ga prije nego što bude prekasno za žaljenje. Znam da mnoge zemlje svijeta preispitivanje kako iskoristiti prirodne resurse i sačuvati okoliš skladno.

Možemo promijeniti samo naše loše ponašanje ako ne možemo poštovati i pridržavati globalne norme i načela međunarodnog prava.

Znam da su neke zemlje mogu djelovati ili ga nadjačati, međutim; moramo sprovesti to ustavno.

Ljudi moraju poštovati i dijeliti životne sredine sa životinjama i nežive stvari, a ako napravimo politike onda moramo forsirati ustavno bez kašnjenja ili favorizovanja posebnih interesa od zajedničkog interesa.

Pa, voda je naš život, a neki naučnici predviđaju manjak vode u budućnosti, a oni nisu u stanju da predvidi točno, međutim; vodnih resursa mora se koristiti više prijateljski nego gubimo ga.

## Poglavlje 7

Jednom davno vrijeme sam razmišljati o tome kako uvjeriti ljude, mislim globalne građane da se ujedine i žive na ovoj Zemlji mirno, ali i drugi političari korumpirani subjekti iskliznuće svjetskog mira na lokalnom, regionalnom i globalnom nivou.
Naravno, neki od tih svijeta političara i njihovih povezanih lica ne zanima stabilnost prijateljski suživot.

Volim da dijele istinu!

Već smo vidjeli pet stalnih članica Vijeća sigurnosti Ujedinjenih naroda je što nije u skladu sa povelje Ujedinjenih naroda i načelima međunarodnog prava.

Pa, ako oni ne mogu riješiti politički sukobi među pet stalnih članica Vijeća sigurnosti Ujedinjenih naroda, onda je naša odgovornost, sveta građane da pozovu na odgovornost koju narodi krši povelje Ujedinjenih naroda i načelima međunarodnog prava?

Ironično, pet stalnih članica Vijeća sigurnosti Ujedinjenih naroda sat i razgovarali o mnogim globalne krize, a neki od njih refuels mnogih nebrojene sukobe širom svijeta.

Dakle, mi, sveta građani moraju zaustaviti varanje diplomate i njihove vlade da ugrozi mir u svijetu geopolitičkih interesa. Pa, svjedoci smo zemlje napadaju druge zemlje zbog cijevi linije politike za kontrolu njihovih prirodnih resursa.

Pozitivno, znamo da je osnovan Ujedinjenih naroda 1945. godine za mir, a kao što vidimo šta se dešava danas? Ja zapravo mrzim kad vidim Ujedinjene nacije nije u skladu sa povelje Ujedinjenih naroda i međunarodne norme.

Volim da podstakne svijetu građane da imaju pravo da brane domovinu kolektivno.

Ako postoje diplomate koji su partneri u poremetiti mir u svijetu u Ujedinjenim nacijama onda, globalni građani moraju moraju uzeti akciju da se zaustavi krivično diplomata jer nismo spremni da uništi našu domovinu.

Neka nam je stalo jedni druge!

Zaista Zahvaljujem se organizacijama za ljudska prava u svijetu, jer su oni izraze stvarna pitanja koja ignorira Ujedinjenih naroda, i nakon pola stoljeća, to je neprihvatljivo da prisustvuju zemlje koje krši povelje Ujedinjenih naroda i međunarodnim normama.

## Poglavlje 8

Kao što nam vremena daje priliku da se zaustavi korumpiranih svijetu diplomata ar Ujedinjenih naroda i drugih međunarodnih vladinih organizacija onda možemo i dalje održavati sigurnost, iako će sumnje pregaziti špijunažu među narodima.

Ja stvarno ne bih da spominjem imena naroda, ali postoji mali narodi koji voli djelovati iznad povelje Ujedinjenih naroda i međunarodnim normama, a moramo zaustaviti takve diplomatske maltretiranja za konstantnu glupost.

Mi smo na rubu nuklearnog rata!

A tu su i nekim mjestima gdje se ljudi plaše da čak živjeti u miru jer tako stekla nezavisnost, da li smo spremni da deescalate i spriječiti takve opasne situacije, jer ne želimo da naudi humanost i uništiti čovječanstvo.

Generalno, mi volimo mir!

Razmislimo mir za sve!

Pa, svijet građani imaju izbor da postupa pred nuklearni rat počne, a ako želite mir onda neka nas rade zajedno za zajedničke ciljeve. Ako zanemarimo stvarnost onda treba požaliti.

U očima zakona, već smo svjedoci pet stalnih članica Vijeća sigurnosti Ujedinjenih naroda što Veto da napadnu suverena zemlja ili zaštite brutalnog diktatora za geopolitičkih interesa.

Ne želim da se preko pravilo činjenice!

I briga čovječanstvo!

Molim vas, mi, sveta građani trebaju se bavi pitanjima globalnog mudro, i moramo zaustaviti korumpirane diplomate i njihove ratnohuškačke narodima prije nego što krši povelja o povelje Ujedinjenih naroda i načelima međunarodnog prava.

Naravno, moramo reći ništa više korupciju među pet stalnih članica sigurnosti Ujedinjenih naroda.

To nije kasno da se ponašaju i da mir na lokalnom, regionalnom i univerzalno, a mi imamo reći našu zabrinutost o socijalnim i ekonomskim pitanjima, jer utiče svi koji to razumije.

Dakle, ja hitno našim sadašnjim i budućim liderima ne zloupotrebljavaju sredstva i krši međunarodne norme drugačije; ćemo se susreću konstantne krize koja nećemo moći da prekršaju.

## Poglavlje 9

Ne možete riješiti stvari ili traže mir ako ne znate kako se prijaviti za rješenjima. gustoće i potražnja čovječnosti sipanje mnoge stvari u svijetu, ali to nije dobro da traži oružje za masovno uništenje kada ne mogu ni hraniti siromašne i beskućnike u svakom gradu diljem svijeta.

Mislim da je to jako sramotno za svjetske lidere da lažu javno na postolju u Generalnoj skupštini Ujedinjenih naroda, gdje su čak i vrijeđali jedni druge mnogo puta.

Pa, ako ste ljuti sa liderom iz neke druge zemlje onda možete ga ili nju uvredi, ali to nije mudro vrijeđati vođa ili lidera na postolju u Generalnoj skupštini Ujedinjenih naroda, jer Ujedinjene nacije predstavlja zajedničke interese građana svijeta.

A ako namjeravate vrijeđati lider ili lidera na postolju u Generalnoj skupštini Ujedinjenih naroda, onda ste uvredljive čovječanstva!

Slušao sam nekoliko lidera koji vrijeđali lider, vođa i ljudi, a ja nije bilo jasno zašto neki lideri došli vrijeđati druge na podijumu Ujedinjenih nacija.

Ja znam da smo ljudsko biće, mi pravimo greške, ali ne možete vređa ljude za svoj šou off stil. Ona ne služi zajedničkih interesa za sve u Generalnoj skupštini Ujedinjenih naroda.
Usput, vidjeli smo različite stilove diktature tako, je Ujedinjene nacije okreću biti mjesto za diktatori? Pa, čini se da su Ujedinjene nacije gubi kredibilitet.

Nadam se da ću voditi Ujedinjenih nacija sa transparentnosti, odgovornosti i pouzdani, a ja ću pozvati svijet građane da se angažuje snage za izvršenje povelje Ujedinjenih naroda i međunarodnim normama.

Nisam naučiti da ne poslušaju zdrav razum, a ako ja onda to uradio bih bio u mogućnosti da doprinesu i podijeliti svoje ideje s ostatkom tako često je svijet, želim svijetu građane da razmišljaju i zaustaviti širenje nuklearnog oružja.

Ja znam da uvijek postoje, šali se među nama, ali nismo spremni da se šali sa nuklearnim prijetnjama.

Znamo da su neki narodi napreduju nuklearne tehnoloških mogućnosti, i mnogi od nas su sve siromašniji nego ranije za sve tako, moramo promijeniti ranije održati resursa.

Štete za okoliš znači iskorjenjivanja čovječnosti, a to je nešto što mi ne želimo da se nastavi globalno. Ja ne mogu da mislim da dobro kad slušam vijesti o globalnom zagrijavanju.

Pa, neke zemlje i lideri negiraju globalnog zagrijavanja, ali ja želim da vam kažem da je globalno zagrijavanje je stvaran, i to stvara više toplinskih valova na čak oštetiti poljoprivredno zemljište i životinje.

Mi treba da prepoznaju takve svijetu izazovima u Ujedinjenim nacijama gdje ga možemo baviti zajednički

## Poglavlje 10

Znamo da Cyber špijunažu počeo među pet stalnih članica Vijeća sigurnosti Ujedinjenih naroda, a oni prave svjetske trgovine i putuju pokreti složeniji i sumnjivih mjesta nego ranije.

Možda, u bliskoj budućnosti ćemo imati elektronski i vještački projektirana robota da preuzmu kontrolu nad čovječnosti i to je tekući oblici liderstva. Znam da je vrlo zastrašujuće, ali idemo na to.

Mislim da je moguće da vide nove oblike automatiziranog Upravnog sistema kao što smo trenutno koriste i bavljenja neki oblik automatskog Upravnog sistema koji koriste moderan sistem globalnog pozicioniranja.

Pa, to nije mudro da ljudi gledaju i ne čine ništa da zaustavi tako, moramo pustiti mašine pomažu nam koristiti i kontrole na žalost, neke vlade i privatnih korporacija su eksperimentišu tajni projekti.

Dakle, da li smo sami?

Svakako, neki od pet stalnih članica Ujedinjenih nacija već planirao da koriste umjetno engineered robote za rat i mnogih drugih razloga, a većina svijeta građana ne zna to.

Zbog toga; to je vrijeme za početak traže pitanja i traže istinu o svetu poslovima, i kako se korumpirane vlade planira da umjetno koristiti i self-automatizirani roboti za rat?

Slušajte mnogim svijet intelektualaca i naučnika koji su jasno govorili o svijetu poslovima, i kako se korumpirane vlade planira da umjetno koristiti i self-automatizirani roboti za rat?

Mi ne zanima istina sve dok političari varaju lijepo, ali oni su sada nas varaju čak i poremetiti mir i uništiti čovječanstvo tako, prije nego što su neka roboti preuzmu kontrolu nad našim vodstvom onda moramo početi braneći domovinu protiv umjetno engineered robota.

Nije lako znati sve odjednom!

Moramo da obavijesti ljude kako da spasi čovječanstvo i koristiti znanje mudro, ne moramo da zbuni o korištenju tehnološki napredak, ali ako neke zemlje koriste i pustiti vještački građenih mašina nama vladaju.

Poštujući čovječanstvo bi trebao biti jedini ključ za voditi sve na ovoj zemlji.

Mi ne možemo prihvatiti pet stalnih članica Vijeća sigurnosti Ujedinjenih naroda i njihove korporacije da nered se sa svjetskom miru.

## Poglavlje 11

Snaga je samo najbolje kada imate pravo kanal tako, ako je zlostavljana među pet stalnih članica Vijeća sigurnosti Ujedinjenih naroda onda koga ćemo kriviti vlast?

Pa, kao čovječanstvo sumnje ili zaboravlja kreator na mnogo načina onda idemo na krizu koja može ubrzati katastrofa koje bi nas podsjetiti kako bogova ili Allah je na nas svake sekunde.

Neka nam se pokaju naše grijehe!

Ljudi u mnogim dijelovima širom svijeta traže za humanitarnu pomoć, a oni obično ne dobiti ga na vrijeme. Pa, ova vrsta siromaštvo je često čovjek napravio krize, a mi ne možemo podržati takav zahtjev.

Moving ljude ili emigrirao ljudi su česta kao ljudi treba vode i hrane danas tako, ne znam točno što će se dogoditi u bliskoj budućnosti, ali moramo se pripremiti za mogući nuklearni rat između dva naroda onda kasnije, možda, drugi mogu pridružiti u udariti ga jedni s drugima.

Vjerujem da možemo hodati na planeti Zemlji, ali ako oni koriste nuklearno oružje, onda je drugačije iskustvo i životnih uvjeta tako, pred takvim različitim uvjetima dogodi onda moramo da sprovedu iu skladu sa povelje Ujedinjenih naroda i međunarodne norme.

Neka nam se zalažu za mir!

Ne volim diplomatske osveta u Ujedinjenim nacijama, a ja želim da se promijeniti politički apsurd i glupost među pet Korumpiran stalne članice Vijeća sigurnosti Ujedinjenih naroda.

Moje vizionar misija da zaustavi korupciju i dovesti Ujedinjenih nacija je da se pomogne ljudima prije nego što oni počnu da koriste oružje za masovno uništenje. Mislim da ne moramo uništiti naš dom.

Znam da su mnogi razmišljaju da pomognu drugim, ali oni demoralisati kada vide političari obmanjivanja status quo svega.

Ubrzavanje kriza u Generalnoj skupštini Ujedinjenih nacija zbunjuje, a to je jako loše pozvati poznate i brutalnog diktatora za ulazak i predavanje pred svijetu ljudi na podijumu Generalne skupštine Ujedinjenih nacija.

Svi bi trebali znati događaje i vijesti širom svijeta, a imamo uložiti informacijske tehnologije, tako da svijet građani treba da dobije pristup znati šta se događa?

I oni mogu ponuditi drugima.

# Poglavlje 12

Nakon mnogih diplomatskih kvarova u Ujedinjenim nacijama, i dalje imamo političke nesuglasice koje zapali sukob interesa među pet stalnih članica Vijeća sigurnosti Ujedinjenih naroda.

Ja vjerujem da je svijet građani moraju angažovati međunarodne odnose i diplomaciju iz dna strategije kako bi ispravili svijet sukoba humano pred takvim korumpirani političari i diplomati poremeti stabilnost ove naše domovine.

Pa, znamo vrlo malo informacija o sustava Ujedinjenih naroda, a od 1945. do sada, nekoliko nacija koristi da koriste ovaj sistem Ujedinjenih nacija da napadnu i unište druge suverene nacije od nepoštovanje povelje Ujedinjenih naroda i načelima Međunarodne Zakonom.

Sve norme su razbijena!

Nakon što je nisu zadovoljni trenutnim i stalnih sukoba i kriza koje su Ujedinjene nacije su u stanju da se pozabavi i riješiti, dok je pet stalnih članica Ujedinjenih nacija su nekako iza takvih sukoba onda se mi ne ide na nuklearni rat?

Pa, ako je svijet građani žele krivično diplomata i političara da ugrozi stabilnost naše domovine, imamo velikih problema za rješavanje univerzalno na neki drugi način; smo svjedoci takve korumpirane diplomati i političari nas vara.

Moramo bavi pitanjima globalnog lokalno, regionalno i međunarodno, a to je vrijeme da razgovaramo i podijeliti naše globalnim pitanjima za boljim rješenjima.

Ako diplomatija nije među pet stalnih članica Vijeća sigurnosti Ujedinjenih naroda onda možemo očekivati da koristi oružje pakla, a ne želimo im da koriste i požara nuklearno oružje.

Znam da postoje dvije zemlje u Aziji koji se bore za kontrolu zemljišta, i obojica imaju nuklearno oružje raspoređeno za moguće odmazde ako se požari onda će drugi loše odgovoriti.

Fokusirajući se na globalnim pitanjima kolektivno može spasiti čovječanstvo od organiziranja diplomatske krize i zbunjenost među pet stalnih Vijeća sigurnosti Ujedinjenih naroda, a jedini da se zaustavi zločine među ljudima je da se jednostavno u skladu sa povelje Ujedinjenih naroda i drugim međunarodnim normama.

Mi se ne koriste načine kako bi naš globalnog mira i okoliš dobro.

Hajde da pričamo svjetskom miru i očuvanju okoliša.

## Poglavlje 13

Odlučio sam da podelim zabrinutost, i kao Tražim globalni građanin, imam pravo reći ne nešto nije u redu sa sistema Ujedinjenih naroda. A ako ne mogu zaustaviti politički zločine prije nego što počne rat.

Onda vjerujem da radim dobar posao za čovječanstvo!

Kao što sam jednom razgovarali sa mojim prijateljem onda smo pitali zašto su svijetu građani ne birajući pravo kandidate da zastupa vrha Ujedinjenih nacija?

Pa, primijetili smo da je to moguće, ali nekoliko zemalja preferira da monopolizuju i manipulaciju povelje Ujedinjenih nacija, a mi moramo zaustaviti takve zemlje da zeznuti sa međunarodnim pravom.

Niko nije iznad zakona!

Ne ponašaj se ludo!

Znam da je lako krive druge, ali to nije lako donijeti bitne činjenice protiv korumpiranih diplomate i njihove naroda koji ih je poslao da nas predstavlja na svim nivoima u međunarodnoj areni.

Mi nemamo načina da se ponašaju prije nego zapale rat, ali smo uvijek pokazati žaljenje nakon što smo osjetiti bol mnogih granica tako, sveta građani moraju doći naprijed čist i sprovodi povelje Ujedinjenih naroda i međunarodnim normama.

Kao što smo se shvativši kako loše članica Ujedinjenih nacija danas ponaša, to je zaista obeshrabruje svijetu građani tako, moramo odbaciti takve diplomatske nezakonitosti događa između država članica Ujedinjenih naroda.

Volim da vidim kako univerzalno prijateljstvo unutar država članica Ujedinjenih naroda može i da će imati odobravaju i držati ga dobro.

Moj cilj je probuditi samo svijet građana, i treba da se pridruže ruke i djelovati kako bi sačuvali našu domovinu. Ne možemo dozvoliti da nekoliko pojedinaca da predstavljaju svijet građanima gdje oni ne prihvataju da sprovedu iu skladu sa povelje Ujedinjenih naroda i načelima međunarodnog prava.

Imamo primijeniti sve zakone!

Takođe moramo poštovati dobar diplomata koji rade veliki posao za zajedničke interese čovječanstva! Nisam mogao ne ustručavajte se spomenuti dobar diplomata koji pokušava da koriste zdrav razum za rješavanje sukoba u svijetu u svom najboljem znanju.

# Poglavlje 14

To nije lijepo gledati kriminalne diplomata i političara koji su iskliznuće globalnom miru sve dok oni i dalje predstavljaju nacije širom svijeta. To je naš posao da prati i ispraviti greške prije nego što sve ne u opasne igre.

To je dobra stvar koju treba znati da je prevencija bolja od cure!

Kao čovječanstvo živi na ovoj zemlji planetarni onda imamo odgovornost da zna činjenice, jer ako ne znamo, ili tražiti da znam da onda krivično diplomati i političari igraju svoje političke Gamble.

A mi nismo spremni da ih kockati globalnog mira tako, neka nas ujediniti čovječanstvo!

Uvijek postoji nešto nije u redu s bilo diplomata ili političar, a znamo da su neki možda radije poremetiti sve za osobnu filozofiju koja nije pogodna za čovječanstvo.

Pa, ja znam da su mnogi narodi unutar sustava Ujedinjenih naroda ili u okviru drugih međunarodnih vladinih organizacija je dosta diplomatskih derailments među pet Korumpiran Članovi Vijeća sigurnosti Ujedinjenih naroda, i oni pokušavaju da promene takve loše i opasno kockanje.

Mi zaboravljamo kako tražiti činjenice?

Moramo obratiti našu zabrinutost kao građani svijeta!

Ja su istragu mnogim neizrecive slučajeva, a neki su još uvijek u zaostalih datoteka, i znali smo da su mnogi slučaj koji zaposleni Ujedinjenih naroda počinili nad nedužnim civilima?

Zaista, također moramo otvoriti zaostalih predmeta protiv zaposlenih u Ujedinjenim nacijama, a žrtve moraju dobiti pošteno pravdu kako bi se zaustavilo zbog nedostatka politike i diplomatske napetosti među narodima.

Da, moramo otvoriti sve zaostalih predmeta protiv bivših i sadašnjih radnika Ujedinjenih nacija tako, možemo pokazati globalne građane da Ujedinjene nacije je jedina međunarodna organizacija koja zastupa zajedničke interese često je svijet građana sredstvima slobodne i fer diplomatija .

Već sam vidio dosta zaostalih predmeta protiv bivših i sadašnjih radnika Ujedinjenih nacija, a mi znamo da su nevine žrtve zaslužuju pravdu.

Mislim da su mnogi od nas pitaju šta su takvi zaostalih predmeta protiv bivših i sadašnjih radnika Ujedinjenih nacija, ali ja želim da vam kažem da smo napraviti greške.

## Poglavlje 15

Želim podijeliti s svetu građane da zaostalih predmeta protiv bivših ili sadašnjih radnika Ujedinjenih nacija, uključujući podmićivanje, prodaja preseljenje, prodaja izbjeglica zaliha hrane, silovanja i ubijanja nevinih na mirovnim misijama širom svijeta, bez dokumentiranje ili davanje naknade porodicama žrtava.

Dakle, ako Ujedinjenih nacija prikriva svoje kriminalne zaposlenih i pet stalnih članica vijeća sigurnosti Ujedinjenih nacija igraju geopolitičke taktike kockanje sabotiranja svijetu stabilnost onda kada ćemo dobiti pravdu u svijetu građanima?

Želim da ti da još uvijek postoje mnogi zaostalih predmeta protiv Untied nacija, a kao što smo sigurni da nije bilo ni jednog jedinog rezoluciju za rješavanje takvih gnusne zločine nad nedužnim žrtvama širom svijeta.

Vi ste vidjeli nekoga poput mene koji je utvrdio da razotkrije i pisati o takvim kaznenim stvarima protiv nevinih ljudi širom svijeta.

Pa, velika nacija pokušao prikriti jer im domoroci bili su dio takvih organiziranog kriminala nad nedužnim svijeta građana koji žive širom svijeta.

Neka nas razgovaraju i dijele istinu!

Pa, mi, globalni građani moraju obratiti krivične prijave protiv bivših i sadašnjih radnika Ujedinjenih nacija.

Mi ne želimo dopustiti nevine žrtve pate više nego ranije.

Ako nema pravde pod okriljem sustava Ujedinjenih nacija onda smo spremni da se suočimo sa nepravda nuklearnog rata koja se oslanja na kojoj zemlji ispaljuje požari koji će eliminirati svoje protivniku?

Moramo obratiti važno zabrinutosti za Zastupa mnogih naroda u Ujedinjenim nacijama, a ne možemo donijeti promjene u svijetu građanima.

Znam da je došlo do nedostatka transparentnosti, odgovornosti i pouzdan u okviru sustava Ujedinjenih naroda, kao i država članica u okviru sustava Ujedinjenih naroda.

Mi smo tako tužno znati činjenice!

Pa, mi smo u zabludi u prošlosti, a mi radimo iste greške danas tako, da li ćemo dobiti dobrog upravljanja u okviru Ujedinjenih naroda u budućnosti?

A ako se ne bave krivičnim i diplomatski kvarova onda ćemo uskoro izgubiti međunarodne stabilnosti previše!

# Poglavlje 16

Ono što možemo učiniti da spasi svijet? Naša domovina je pod prijetnjom, i čovječanstvo je kriv zato što smo izradu oružja za masovno uništiti, kada nismo mogli odgovoriti na prirodne katastrofe što je prije moguće, tako, molim vas, ja želim da moje kolege u svijetu građane da se jave i rješavanje važnih pitanja.

Kao što je globalno zagrijavanje pokazuje onda znamo da su naši međunarodni predstavnici su također da naša domovina mjesto nesigurnosti pod stalnom prijetnjom kojem pet stalnih članica Vijeća sigurnosti Ujedinjenih naroda su krivi.

Mi moramo osiguranje za održavanje građanstvo diplomatiju, tako da možemo bavi pitanjima globalnog univerzalno.

Žao mi je, ne mogu sakriti zločinima bivši i sadašnji zaposlenici Ujedinjenih nacija, a ako svijeta građani glasaju i podržavaju me kao generalni sekretar svoju budućnost Ujedinjenih nacija onda ću imenovati nezavisna komisija za istragu o internoj zločine bivši i sadašnji zaposlenici Ujedinjenih nacija, a oni zaposleni krivoga onda izaći pred lice pravde.

Niko nije iznad zakona o povelje Ujedinjenih nacija, i znam da je bivši Generalnog sekretara Ujedinjenih nacija nikada nije pokušao da imenuje i pokretanje istrage o internoj zločinima bivših i sadašnjih radnika Ujedinjenih nacija.

Pa, ja volim da zastupa građane svijeta, a ja ću pokušati na mojim saznanjima do slušati i svoje probleme pažljivo tako, ja bih da apelujem moje kolege globalne građane da ustanu sa mnom!

Imamo problema, ako ne možemo obratiti pravdu u sustava Ujedinjenih naroda, a čini se da ne možemo ili nećemo biti u mogućnosti da se zaustavi nuklearni rat između ili među narodima.

Nisam razumeo diplomatiju pogrešno, a ja želim da se služi svim dostojanstveno iu skladu sa povelje Ujedinjenih naroda i međunarodnog prava bez obzira na rasu, religiju ili političku pripadnost.

Jer moramo sačuvati naše domovine, stvarno sam uplašen za nepoznate mogućnosti!

Ne vjerujem korumpirane diplomate i njihove diktatora koji vladaju narodima ilegalno dugi niz godina.

Molim vas, ako ste globalni građanin onda morate znati svoja prava, gdje ga obratiti kada postoji potreba.

Mislim to!

## Poglavlje 17

Kao što su mnogi narodi krši povelje Ujedinjenih naroda i načelima međunarodnog prava, onda imamo veliki problem riješiti prije nego što traže pravdu za sve tako, da li smo spremni za početak od dna do šema da se skrasi političke razlike između stalnog Članovi Ujedinjenih nacija.

Ja ne vjerujem da smo spremni za to!

Šta o Ujedinjenih naroda?

Molim vas, želim da znate da postoji i biološki i hemijski rat među pet stalnih Ujedinjenih nacija, a inženjer novih virusa tako, da li smo spremni i da prestanu biološki i hemijski rat?

Neka nas zaustaviti prije nego što oni čine više virusa i štete humanost u toliko uglova nesigurnosti ratovanja.

Obraćajući se globalna pitanja rano nam može pomoći da uštedite novac i vrijeme prije nego što izbije rat tako, mi, sveta građani moraju koristiti obrasce ranog upozorenja za otkrivanje i rješavanja konflikata.

Mnogo krize se dogoditi ako i kada se ljudi ne bave sukobima!

Ljudi moraju riješiti neslaganja bez obzira koliko dugo to traje? Ako ne pokušati lako i prilagodljiva rješenja za okončanje i smanjili naše razlike onda imamo veliki problem jer su neki od nas mogu koristiti oružje pakla!

To je znati naša domovina!

Kao što učimo mnogo izloženi top tajni oko svijeta onda znamo da su Ujedinjene nacije je sama čuvanje niskog profila za razgovor i izložiti više Top Secrets kojih su neki ili nekoliko zemalja koristi kroz Ujedinjene nacije.

Činjenice su jasne danas da države članice u okviru Ujedinjenih naroda prekršio povelje Ujedinjenih naroda i međunarodnim normama tako, kako možemo zaustaviti takva kršenja?

Moramo biti spremni da razgovaramo o tome!

Dakle, mnogi kvarovi su krivi za loše vrha bivše Generalnog sekretara Ujedinjenih nacija.

Trebamo razgovarati važne stvari!

## Poglavlje 18

Budite sigurni da se imenuje pravo kandidate da se ključna mjesta u sustav UN-a u odnosu na geografskom reprezentacije tako, možemo zadržati mir u svijetu svim sredstvima.

Mi smo imali propuste ranije sa ex imenovani službenici koji čak odbijen u skladu sa povelje Ujedinjenih naroda i međunarodnim normama, i oni su prihvatili korumpirane diplomate bi slika bila Ujedinjenih nacija loše, i mjesto da se zalažu za rat.

Moramo zagovarati mir!

Molim vas, mi imamo pravo da se okupe i razgovaraju o pitanjima zemaljske.

Krađa ljudi prirodnih resursa i pokretanje rata postao način korumpiranih diplomatije u Generalnoj skupštini Ujedinjenih naroda gdje svjetskim liderima doći i raspravljati ništa dobro osim svojih zemalja samo dok se ne bavi pitanjima globalnog lokalnom, regionalnom i globalnom nivou.

Pa, ako želite dobiti više dokaza onda bih vas ohrabriti da istražuju.

To nam daje način da se istraži i predstaviti istinu o organiziranih kriminalnih korupciju unutar sustava Ujedinjenih naroda i drugih blisko povezanih međunarodnim organizacijama.

Zbog toga; Ako volite mir onda bolje zalaže za to!

Mir zahtijeva samo-odricanja da se zalažu i reći drugima kako treba raditi i riješiti sukobe prije borbe počinje između ili među njima.

Svet građani nisu spremni za rat završi čovječanstvo!

Mi nismo uvijek odsutnim za rješavanje sukoba prije nego što se loše stvari se javlja na bilo koji način.

Znamo da rješenja dolaze nakon što smo ga probati.

Ali ne postoji alternativa ako nuklearni rat kreće na između dvije nuklearne powered zemlje.

Volim da zgrabite sve kad dobijem sreću tako, kako o čovjeku koji ne vrednuju čovječanstvo?
Pa, boj se!

Jer nuklearni potražnja povećava za posljednjih deset godina, a neke zemlje nagovara ga tajno.

Budi pažljiv!

## Poglavlje 19

Kao što je svijet je dom za mnoge oblike života u kojima treba da se fokusiramo i koristiti sredstva uglavnom u prihvatljivim uvjetima, jer ne želimo izgubiti fitness.

Rekla sam joj emocije na diplomatske zastojima mnogo puta do sada, je napisao nekoliko knjiga o njegovoj političkoj kampanji da se kandidira za mjesto generalnog sekretara nakon Ujedinjenih nacija.

Dao sam sugrađana svijeta, da je način na koji možemo zaustaviti političke i diplomatske kolaps korumpiranih među pet članova Vijeća sigurnosti Ujedinjenih naroda.

I ja izneo mnogo načina da donese promjene i nije politika.

Predložio sam da u svijetu građane da prate i gledati što se događa u svijetu?

Pa, mogu vam reći da mi više ne možemo priuštiti povređenih diplomata i političkih imenovanih, koji je poslao na međunarodnoj sceni, da nastavi da obmane svijet miroljubive koegzistencije.

Nećemo povući, da se zaustavi ova izobličenja u Ujedinjenim nacijama, što je razlog zašto sam korak za rukovodstvo Ujedinjenih nacija? Dakle, ako želite živjeti i raditi u miru.

Molim vas, želim svima da podrže kandidata koji imaju viziju naroda, da donese pravdu.

Kažem ostati podesite svijetu vijesti, kao što neki kanali mijenjaju vijesti iz jednog jezika u drugi, kako bi se znati činjenice i zaustaviti izmišljeni vijesti, a ja stvarno zahvaljujem svjetskih medija, koji su odlučili da ne prikriju činjenice beskrajnog korupcija među pet stalnih članica Vijeća sigurnosti Ujedinjenih naroda.

Moramo zahvaliti svima onima koji služe pravdu za čovječanstvo.

Mislim da su građani svijeta su umorni od političke i diplomatske kvarova, a mi još uvijek imamo vremena da djeluje i zaustavi takve propuste između Vijeća sigurnosti Ujedinjenih naroda, prije nego što počnu da pucaju oružje za masovno uništenje.

Ako ne prvi čin, oni će! Znam da ljudi vole čuti istinu!

Neka nam pomoći nevine žrtve zbog nedostatka politike u Ujedinjenim nacijama!

# Poglavlje 20

Želim da svaki građanin svijeta da započne grassroots kampanje da biraju svoje budućih lidera, koji će predstavljati u međunarodnim organizacijama, jer smo vidjeli oštećene diplomati i političari su zabludu činjenice i opšte rad Ujedinjenih naroda od 1945. godine.

Vjerujem da moramo znati da je najbolji i najpouzdaniji međunarodnih ličnosti da se poruka kako bi oni predstavljaju zajedničke interese građana svijeta, on je često, ali ne i politički interesi nekoliko država, koji smatraju da oni su iznad međunarodnih normi.

Pa, to se događa svaki dan! To bi trebalo zaustaviti vrijeme!

Mi, građani svijeta gube povjerenje u Ujedinjenim nacijama!

Odlučio sam da se kandiduje za mjesto generalnog sekretara Ujedinjenih nacija, a ja želim da prestane maltretiranje diplomatiju sa svjetskim građanima koji se bore da prežive i da se djeca pod nepoznatim okolnostima ili poznat širom svijeta.

Jedan od najgorih rješenje je da se imenuje i zamijeniti Generalni sekretar Ujedinjenih nacija sa drugim bivšim diplomata koji je, oštećeno je radio sa Ujedinjenim nacijama u različitim pozicijama, a jedino što on ili ona bi radije da se generalnom sekretaru Ujedinjene nacije u cilju daljeg diplomatskim olupine.

Da, znam da će se to dogoditi, a mi, građani svijeta treba razmotriti takve ljude da rade i držite Generalni sekretar Ujedinjenih nacija, a jasno je da su oni bili, ili da li su ključne političke stavove u svojim zemljama.

Pa, neki kandidati su se čak služili kao ministri pod brutalnim i nedemokratskim režimima koji izbornu prevaru tokom godina.

Moj savjet svjetski građane da pažljivo prouče najbolje kvalitete kandidata koji žele da se kandiduje za mjesto generalnog sekretara Ujedinjenih nacija i drugih međunarodnih organizacija sajma.

Da, znam da su neki kandidati mogu misliti da je ovo politička osveta, međutim; To je svijet građani znaju ko ima pravo na generalnom sekretaru kako Ujedinjenih nacija.

Već smo vidjeli beskrajne propuste u okviru Ujedinjenih naroda, a nakon što je njegov 70. rođendan, svijet diplomate u Ujedinjenim nacijama moraju djelovati da zaustavi imenovanja i korumpirani diplomate dovesti Ujedinjenih naroda u diplomatski neuspjeh.

## Poglavlje 21

Diplomatske i političke uloge pet stalnih članica Vijeća sigurnosti Ujedinjenih naroda moraju biti slobodni i pošteni diplomacije, ali je jako teško koristiti fer i besplatan diplomatije ako i kad god su započeli borbu između sebe.

Kao što smo vidjeli za posljednjih deset godina onda pet stalnih članica Vijeća sigurnosti Ujedinjenih naroda napravio mnoge propuste, a oni su sada rade posao od ratova u spornim zemljama širom svijeta.

Pa, to je vrlo jasno da smo svjedoci diplomatske iskliznuće i neslaganja među pet stalnih članica Vijeća sigurnosti Ujedinjenih naroda, ne možemo ispraviti njihove greške, jer razmišljaju da djeluju iznad povelje Ujedinjenih naroda i međunarodne norme.

Mi, sveta C građani ne smiju dozvoliti nekoliko korumpiranih diplomate da se kockaju sa svijetom stabilnost.

Mislim da je suština je da sprovodi i skladu sa povelje Ujedinjenih naroda i međunarodne norme drugačije; idemo do nuklearnog rata među zemlje koje su pohvaliti da ih koristiti ako provocirao.

U osnovi, nemamo osiguranja za sigurnost u svijetu!

A opet, isti korumpirani diplomate i zemlje žele da dominiraju ključne političke i diplomatske poruke unutar sistema Ujedinjenih nacija, a mi, svijet građani moraju razmišljati svijetu sigurnosti i koji nas treba voditi u Ujedinjenim nacijama?

Nema više diplomatski laži na svijetu građanima!

Kako da prihvatimo svjetske lidere da se počini genocid? Pa, znamo da su Ujedinjene nacije dozvoljeno takav genocida da preuzmu mjesta mnogim mjestima širom svijeta, a trenutno smo svjedoci više organiziranog genocidi od naroda u okviru Ujedinjenih naroda.

Mi, globalni građani neće dalje prednosti na isti propali diplomate da nastave svoje diplomatske prepreke među sobom koji stvara na bumerang zajedničkih interesa građana svijeta.

Mi volimo čovječnosti i mir!

Ja možda želim da se kandidira za generalnog sekretara Ujedinjenih nacija 2016. godine, i znam da će biti oštećen diplomate koji će trajati kroz političke lobiste ili uz pomoć zemalja koje imaju posebne interese za nadjačavanje povelje o Ujedinjene nacije i međunarodnim normama.

Pa, mi smo također imali problema s piratstva i međunarodne trgovine, kao mnogi u svijetu tranzit putevima sve više opasno, jer je pet stalnih članica Ujedinjenih naroda treba da budu krivi.

Bolje riješiti krizu u Ujedinjenim nacijama mudro!

## Poglavlje 22

Saznao sam da je međunarodna diplomatija je pod prijetnjom, a pet Korumpiran stalne članice Vijeća sigurnosti Ujedinjenih naroda i njegovih uzvikujući marionete su odgovorni tako, spremni smo da ih zaustavimo?

Znam da su neki od nas misle da je to samo krivica, ali ovo se ne otupe i beskorisni žalbe, imamo baviti zaista ispred svijetu građanina da se zaustavi loše ponudama među narodima u okviru Ujedinjenih naroda.

Drago mi je da stojim za nadu da donese promjene u svijetu građanima!

Ne volim da vodi međunarodna organizacija koja krivična diplomate glasova samonametnute nadmoć dok oni namjeravaju da krši povelje Ujedinjenih i drugim međunarodnim normama.

Trebalo bi da je stalo domovinu bolje nego nekoliko korumpiranih diplomata koji žele da započnu rat na bilo koji način.

Informacije o svijetu je više lako pristupiti kroz toliko mnogo načina, pa ipak, većina svijeta građana ne može pristupiti tako, ja stvarno ne znam zašto je Vijeće sigurnosti Ujedinjenih naroda se ne radi pravu poslovanja za svijet građani?

Usput, morali bismo edukacije ljudi o svijetu gdje oni ne misle da je to njihova domovina u kojoj bi trebalo da žive na njoj mirno. Kako o životinjama i okoliš!

Mislim da je svaki život zaslužuju mir!

Jednom sam putovao kao istraživač, a upoznala sam ljude širom svijeta da traže ono što vole da vide u Ujedinjenim nacijama, sigurno, oni znaju više o Ujedinjenih naroda, a to nije dobar znak.

Ako postanem Generalni sekretar Ujedinjenih nacija, obećavam da sprovedu povelje Ujedinjenih naroda i neka svijetu građanima da uče svoja prava da tuže kriminalac diplomata koji je zabrljao sa povelje Ujedinjenih naroda i međunarodne norme.

Neka stop-double standard diplomatije među pet stalnih članica Vijeća sigurnosti Ujedinjenih naroda i njihov imenovani špijuni, i znam da je sustav Ujedinjenih naroda je što nije i prije sudara od 1990. do sada.

Lov krivično diplomate će biti najbolji način da se okonča nasilje protiv svijeta građana!

Mi ne kupuju više diplomatski propuste u Vijeća sigurnosti Ujedinjenih naroda ili bilo koja druga međunarodna organizacija koja predstavlja globalni vrijednosti pod njihovim podzakonskim aktima.

# Poglavlje 23

Ja vjerujem da je svijet građani moraju zagovarati i odabrati pravog kandidata da postane Generalni sekretar Ujedinjenih nacija njihov, a tu je jedan od načina da se dobro zalaganje za bolje liderstvo.

Zahvaljujem na pitanju svijetu građanima koji vole da se zalažu za ljudska prava!

I mi treba da podstakne svjetske lidere da obrazuje ljude lijepo o povelje Ujedinjenih naroda i svih drugih međunarodnih normi. Moramo da sprovede univerzalno obrazovanje za sve!

Molim vas, ne želim da uvredim drugima koji su nas pošteno služiti.

To me brine da dijele ono što je dobro za nas? Čovječanstvo je mnogo zakona u suprotnosti sa vjerskim i drugim prirodnim zakonima, ali mi i dalje prave zakone koji se ne pridržavaju ga.

Ja nisam tražio loše pitanja građana svijeta, i tako, ne mogu se ustručavati da ospori krivično diplomate bez obzira na ovlasti moraju da utiču i poremete mir u svijetu.

Ima smisla da donese promjene u Ujedinjenim nacijama, nakon što smo već vidjeli diplomatske propuste i svoje milo za drago politike gorivom među pet stalnih članica Vijeća sigurnosti Ujedinjenih naroda.

Neka nas drži svijet sigurnijim mjestom za buduće generacije!

Znam da bi trebalo ispraviti nešto ako je to pod zajednički interes za globalnu stabilnost, a ne bismo samo pustiti diplomate da odluči za nas, tako, možemo angažovati da ispravimo greške.

Ako želite da ispravite što nije politika onda bolje pozvati zabrinut dijelove prije makinfg odluke samohodna. Mislim da možemo pozvati svijeta građana i angažirati ih riješiti diplomatskim zagonetke u Ujedinjenim nacijama i međunarodnih organizacija.

Ja uspjela da znam i dobiti povratnu informaciju od Generalne skupštine Ujedinjenih naroda od 1991. godine do sada, i mogu vam reći ništa promijenio na promociji Univerzalne deklaracije o ljudskim pravima.

Mi ne želimo da se nered na mir u svijetu!

Mi, sveta su i građani dosta za politički utjecaj koji dominira ili otkloniti drugi unutar sustava Ujedinjenih naroda, i to se mora zaustaviti da bi zadržali domovinu kao sigurnije nego sve ostalo!

Volio bih da su mnogi će shvatiti moja briga!

## Poglavlje 24

Znao sam vizionar misija može i da će sprovoditi povelje Ujedinjenih naroda i međunarodne norme jer sam postao bolestan za diplomatske propuste i politike među pet stalnih članica Vijeća sigurnosti Ujedinjenih naroda.

Pa, neki diplomati su diplomatski neuspjehe kao poslovnu da uvuče nas u svježe konflikte kad smo rešili neke tako, mi ne pokušavamo da prihvate takve diplomatske propuste i politike.

Ohrabrujem moji kolege svijet građanima da razumiju svoja prava kao građani svijeta, a ne treba samo kriviti, ali je naše pravo na razumijete ove imenovan diplomate rade?

Pa, znamo da postoji nekoliko međunarodnih organizacija koje rade s Ujedinjenim nacijama, i ove međunarodne organizacije nisu za izvršenje međunarodnih normi kako bi se zaustavilo mnoge diplomatske kvarova i politike.

Usput, svjedoci smo mnoge globalne zločine povećati uvijek bio, jeste i biće među pet stalnih članica Ujedinjenih naroda, a znamo da je neprihvatljivo da se u svijetu građanima!

Bio sam sreće dokumentirati mnoge globalne propuste u kojoj diplomate zeznuo s rješenjima, jer im se nije dopalo da se okonča politički sukobi, a niko ih okrivljuje ili zaustavlja njihove ilegalne aktivnosti u Vijeću sigurnosti Ujedinjenih naroda.

Znali smo da čak i bivši sekretar generali Ujedinjenih nacija su počinili zločine i korupciju, i oni su hodali način slobodno tako, je diplomatski imunitet dao ih da krše povelje Ujedinjenih nacija?

Pa, korupcija je zločin!

Ako ste radili neki korupciju kao generalni sekretar Ujedinjenih nacija, sram je na vas!

Svet građani moraju znati svoj zločinački korupciju i biti optužen za to.

Ako pustimo svaki diplomata koji je zloupotrebio povelje Ujedinjenih naroda i međunarodnim normama, onda imamo veliki problem za rješavanje univerzalno prije nego što bude prekasno.

Nema opravdanja za krivično uma diplomate i njihove imenovani političari, ja sam bolestan svjedočiti više globalnog povećanja zločina, trebalo bi pokušati smanjiti ga.

Mislim da možemo smanjiti kriminalne korupciju i zločine globalno.

## Poglavlje 25

Ja stvarno ne volim kada diplomate djelovati i riješiti probleme u svijetu kao zabava kad toliko nevinih ljudi gladuju, umiru ili pate od prirodnih katastrofa širom svijeta.

Pa, želim da se bavi pitanjima globalnog otvorenije nego samo držati pravila Pross i mane u diplomatiji, i treba da radimo pravu stvar za naš narod i domovinu - zemlju!

Moram da svi razumiju da je svaki diplomata koji radi u Ujedinjenim nacijama moraju sprovesti i u skladu sa povelje Ujedinjenih naroda i načelima međunarodnog prava.

To nije uzbudljivo nered sa zakonom!

Nevini ljudi se povredio i probleme sa kojima se ne mogu nositi s tim tako, znamo da su mnogi u svijetu su počeli problemi, počinje i da će početi između korumpiranih diplomata koji predstavljaju pet stalnih članica Vijeća sigurnosti Ujedinjenih naroda.

Mi ne želimo da se globalnim problemima koji su pet stalnih članica Vijeća sigurnosti Ujedinjenih naroda predvodi i ulaže u poremete ili uništiti stabilan zemalja širom svijeta.

Već smo vidjeli pet stalnih članica sredstava Vijeća sigurnosti Ujedinjenih naroda i naoružavaju razne najsmrtonosniji militanata oko oko, i oni su nam rekli da radimo dobar posao za čovječanstvo.

Neka nas zaustaviti zločine!

Ponekad promisliti mnogim globalnim pitanjima koja su pet stalnih članica Vijeća sigurnosti Ujedinjenih naroda je ulaganje ilegalno, a oni su se istakli da prikriju svoje tragove.

Molim vas, ako ste svjedok globalni zločine onda možete se obratiti na Međunarodni policije poznat kao "Interpola" za pomoć da se zaustavi i uhapsi kriminalce prije nego što rade više zločina na lokalnom, regionalnom i međunarodnom planu.

Sigurno, čini nam se da je Međunarodna policija poznat kao "Interpol" ne rade dobar posao za svijet, ali oni tako, možete prijaviti zločine Međunarodnom policije poznat kao "Interpol".

Kao kriminalce od bilo koje vrste su među nama, a mi moramo obavijestiti sumnjivih kriminalaca na odgovarajuće tijelo za mnogo razloga, jer ne znamo šta oni mogu učiniti u zemlji ili preko granice.

Budi siguran!

## Poglavlje 26

Nisam mogao vjerovati da pet stalnih članica Ujedinjenih nacija bi započeli rat koji svaki finansira i naoružani nekoliko plemenske i vjerske gangstere koji je silovao i ubio mnoge nevine žrtve u mnogim mjestima širom svijeta.

Na primjer; znate li šta se desilo u mnogim zemljama širom svijeta?

Mi ne želimo da koristite imena koje zemlje isplanirao? Međutim; Mi, građani svijet ne smije dozvoliti krivično diplomate i političke ličnosti, kao što su Kings, Queens, Sultans ili njihova djeca organizirati genocida širom svijeta.

To je neprihvatljivo pravilo!

Mislim da je jedini način da se zaustavi 3. svjetski rat, mi moramo u skladu sa povelje Vijeća sigurnosti Ujedinjenih naroda i načelima međunarodnog prava.

Ne možemo rock and roll sa diplomatije da ugrozi globalnu stabilnost!

Možda, da li je moguće da su neki svjetski lideri u pitanju Generalne skupštine Ujedinjenih nacija za zanimanja?

Znamo da svjetski lideri dolaze i razgovor na podijumu Generalne skupštine Ujedinjenih nacija, a neki svjetski lideri počeli pogrdan primjedbe protiv svjetskih lidera kojima imaju politička neslaganja za određene politike.

Dakle, ne moramo prihvatiti takve diplomatske maltretiranja u Generalnoj skupštini Ujedinjenih nacija ,.

Svaki detalj maltretiranja diplomatije u Generalnoj skupštini Ujedinjenih nacija je sada kao zajednička i svjetski lideri čak počeo vrijeđati jedni druge na postolju u Generalnoj skupštini Ujedinjenih naroda.

A ovo mora prestati!

Da li je jasno kršenje vrijeđati druge na postolju u Generalnoj skupštini Ujedinjenih naroda?

Pa, to je bilo prije, jer svjetski lideri nisu bili a neki možda nisu u skladu sa povelje Ujedinjenih naroda i međunarodne norme, a to je loš znak.

Nema potrebe da se krše pravila!

## Poglavlje 27

Nadam se da će svijet Građani moraju znati da pet stalnih članica Vijeća sigurnosti Ujedinjenih naroda uložila biološki politike ratovanje, i oni su koristili biološki rat virusima da terorišu sve i svakoga.

Samo reci, lanac hrane, poljoprivrede i okoliša tako, mi, građani moraju Sveta reći pet stalnih članica Vijeća sigurnosti Ujedinjenih naroda koje smo već Vidjeli dovoljno da se kriza.

Dosta je dosta!

Da je najbolje što je ljubimac stalnih članica Vijeća sigurnosti Ujedinjenih naroda mora zaustaviti Stvaranje i ulaganja biološkog i kemijskog oružja kako bi naškoditi nevinih ljudi Širom svijeta.

Nema više dokaza potrebno zato sto je svijet Građani su svjedoci biološki terorizam, kao što su ebole, antraksa i drugih nebrojene bolesti tako, da je najbolje vrijeme za reći ove kriminalne Diplomate i njihovi političari ne da organizuju visoka smrtnost u ovom svijetu.

Možda, Svjetska zdravstvena organizacija je kriv biološkim virusima ili opasnosti, jer kada biološki virusi izbijanja negdje oko svijeta, a pokušali su potom u borbi protiv Vrlo je jasno da ne mogu govoriti ili udjela koje laboratorija su projektovani kao što biološki rat virusa.

Istina je!

Mogu vam reći da je bilo ne samo da ne postoji samo politički rat među pet Korumpiran stalne Članice Vijeća sigurnosti Ujedinjenih naroda, ali su investirali i koriste takve biološkog rata virusa da napadaju jedni druge, a ponekad greške mogu odvijati u pogrešne pravce.

Pa, ja mogu nazvati takve kao što biološki rat virusa, tihi genocid koji nitko ne zna ili se bavi u lokalno, regionalno i univerzalno, kao i Međunarodne organizacije također radije ne istražuje ko je iza takvih biološki rat viruse?

Ovaj put smo reći istinu u svijetu treba građanima je sada, ja znam da je ljubimac stalnih članica Vijeća sigurnosti Ujedinjenih naroda se petljaju se sa svetom za miran Suživot - POSTOJANJE na mnogo načina.

I oni moraju ulaganje Biološke i bojni otrovi virusa i oružje teroriziraju Nevine globalnim građana Širom svijeta.

Želim da se zalaže i zaustavi ilegalne ulaganje tih bioloških i bojni otrovi virusa i oružje, i bilo laboratorija koji odbijaju u skladusa povelje Ujedinjenih naroda i načelima međunarodnog prava.

Da, Možemo zaustaviti investicije bioloških i hemijskih ratovanje viruse i oružja.

## Poglavlje 28

Nakon 1991. godine bilo je mnogo genocida o kojoj smo pisali, ali ja zaista vjerovao da su ti zločinački političari koji su organizirali i pogubljeni takve genocida su sada heroji ili oslobodioci.

Dakle, svjedoci smo mnoge zločine prije 1991. godine koji traje, a nakon što je 1991 onda mnogi takozvani zemalja super moć smatra da nastavi kršenja protiv čovječnosti.

Pa, možete ga nazvati, ovi super zemlje moći djeluju iznad povelje Ujedinjenih naroda i drugim međunarodnim normama. Odlučio sam da kažem mojim prijateljima, sveta građani znati činjenice o internoj korupciji među pet stalnih članica Ujedinjenih nacija i unutar sistema Ujedinjenih naroda.

Šta da krijem više!

A jedini način na koji možemo zaustaviti kriminalne diplomate i njihove imenovanje političara.

Mi moramo podići naš glas radi izvršenja pet stalnih članica Ujedinjenih nacija da zaustave njihovo stalno kršenja protiv jahti često on Ujedinjenih nacija i principa međunarodnim normama.

Znao sam da su neki svijet pisci napisao mnogo knjiga o genocidu, i mi želimo takav svijet pisaca da počnu tužbe protiv počinilaca krivičnih i organizatori ovih gnusnih zločina protiv čovječnosti.

Mi, sveta građani imaju pravo da sprovede jahti često on Ujedinjenih nacija i principa međunarodnim normama ako diplomate ne postupi u skladu s tim, i ja iskreno vjerujem.

Ako želite da brani slobodu izražavanja, ljudska prava i globalnom miru onda mislim da je potrebno da izvrši prava ljudi bez obzira na beskrajne iskvarenih među pet Korumpiran stalne članice Ujedinjenih nacija i principa međunarodnim normama.

Ne postoji ljudsko pobjeda kada nisu u skladu sa zakonom!

Mi imamo samo izbor sve dok ne počnemo rat!

A ako se samo želim da ode na kršenja u Ujedinjenim nacijama, onda imamo veliki problem!

Bolje naučiti kako da se brani naša prava!

Mi ne želimo beskrajne diplomatski kockanje politike tako, neka nam Univerzalne deklaracije o ljudskim pravima na lokalnom, regionalnom i globalnom nivou.

Mislim to!

## Poglavlje 29

### Uvod

Pošto je priznavanje urođenog dostojanstva i jednakih i neotuđivih prava svih članova ljudske zajednice je temelj slobode, pravde i mira u svijetu,
Dok je nepoštovanje i prezir za ljudska prava rezultirali su barbarska djela koja su ogorčeni savjest čovječanstva, i dolazak na svijet u kojem će ljudska bića uživati slobodu govora i uvjerenja i slobodu od straha i žele je proglašen kao najviša težnja običnih ljudi,
Budući da je bitno, ako čovjek ne bude primoran da se pozove, u krajnjem slučaju, da se pobune protiv tiranije i ugnjetavanja, da ljudska prava moraju biti zaštićena od vladavine prava,
Budući da je bitno da se promoviše razvoj prijateljskih odnosa između naroda,
Budući da su narodi Ujedinjenih naroda u Povelji ponovo potvrdili svoju vjeru u temeljna ljudska prava, u dostojanstvo i vrijednost ljudske osobe iu jednaka prava muškaraca i žena i odlučili da doprinose društvenom napretku i podizanju životnog standarda u većoj slobodi,
Budući da države članice su se obavezali da će postići, u suradnji s Ujedinjenim nacijama, promociju univerzalnog poštovanja i poštovanje ljudskih prava i temeljnih sloboda,
Budući da je zajedničko razumijevanje tih prava i sloboda od najveće važnosti za puno ostvarenje ove zaloga,
Sada, dakle SKUPŠTINE proglašava Ovaj univerzalni IZJAVA ljudskih prava, kao zajednički standard postignuća za sve narode i sve nacije, do kraja da svaki pojedinac i svaki organ društva, imajući ovu Deklaraciju stalno na umu, treba nastojati da učenjem i obrazovanje da promoviše poštovanje tih prava i sloboda i progresivnim mjerama, nacionalne i međunarodne, da se osigura njihovo opšte i stvarno priznanje i poštovanje, kako među narodima samih država članica i među narodima teritorija pod njihovom nadležnošću.

Član 1.

Sva ljudska bića rađaju se slobodna i jednaka u dostojanstvu i pravima. Ona su obdarena razumom i sviješću i treba jedni prema drugima u duhu bratstva.

Član 2.

Svako ima pravo na sva prava i slobode navedene u ovoj Deklaraciji bez razlike bilo koje vrste, kao što su rasa, boja, spol, jezik, vjera, političko ili drugo mišljenje, nacionalno ili društveno porijeklo, imovina, rođenje ili drugi status. Osim toga, nikakva razlika vrši se na osnovu političkog, pravnog ili međunarodnog statusa zemlje ili teritorije kojoj osoba pripada, bilo da je to nezavisna, povjerenje, ne-samoupravni ili pod bilo kojim drugim ograničenja suvereniteta.

Član 3.

Svako ima pravo na život, slobodu i sigurnost osobe.

Član 4.

Niko ne smije biti držan u ropstvu ili potčinjenosti; ropstvo i trgovina robljem u svim oblicima je zabranjen.

Član 5.

Niko ne smije biti podvrgnut mučenju ili okrutnom, nečovječnom ili ponižavajućem postupanju ili kažnjavanju.

Član 6.

Svako ima pravo na priznavanje kao osobe pred zakonom.

Član 7.

Svi su pred zakonom jednaki i imaju pravo bez ikakve diskriminacije na jednaku zaštitu zakona. Svi imaju pravo na jednaku zaštitu protiv bilo kakve diskriminacije u suprotnosti sa ove Deklaracije i protiv svakog podsticanja na takvu diskriminaciju.

Član 8.

Svako ima pravo na djelotvoran pravni lijek od strane nadležnih nacionalnih sudova zbog djela kojima se krše osnovna prava koja su mu priznata ustavom ili zakonom.

Član 9.

Niko ne smije biti podvrgnut samovoljnom hapšenju, pritvor ili egzil.

Član 10.

Svako ima potpuno jednako pravo na pravično i javno suđenje pred nezavisnim i nepristrasnim sudom koji će odlučiti o njegovim pravima i obavezama i bilo kakve krivične optužbe protiv njega.

Član 11.

(1) Svako ko je optužen za krivično djelo ima pravo da se smatra nevinim dok se ne dokaže krivica u skladu sa zakonom u javnom pretresu na kojem je imao sva jamstva potrebna za svoju obranu.
(2) Niko se ne može smatrati krivim za kazneno djelo zbog bilo koje radnje ili propusta koji nisu predstavljali krivično djelo prema nacionalnom ili međunarodnom pravu, u vrijeme kada je izvršeno. Niti će se izreći teža kazna od one koja je bila na snazi u vrijeme kada je kazneno djelo počinjeno.

Član 12.

Niko ne smije biti podvrgnut samovoljnom miješanju u njegov privatni život, porodicu, dom ili prepisku, niti napadima na njegovu čast i ugled. Svako ima pravo na zaštitu zakona protiv takvog miješanja ili napada.

Član 13.

(1) Svako ima pravo na slobodu kretanja i izbora stanovanja u granicama pojedine države.
(2) Svako ima pravo da napusti bilo koju zemlju, uključujući svoju vlastitu, i da se vrati u svoju zemlju.

Član 14.

(1) Svako ima pravo da traži i uživa u drugim zemljama azil od proganjanja.
(2) Ovo pravo ne može pozivati u slučaju gonjenja istinski proizlaze iz ne-političkih zločina ili iz akata u suprotnosti sa ciljevima i načelima Ujedinjenih naroda.

Član 15.

(1) Svako ima pravo na državljanstvo.
(2) Niko ne smije samovoljno biti lišen svog državljanstva niti prava da promijeni državljanstvo.

Član 16.

(1) Muškarci i žene starosti, bez ikakvih ograničenja u pogledu rase, državljanstva ili vjere, imaju pravo da sklope brak i da osnuju obitelj. Oni imaju pravo na jednaka prava kao i za brak, u braku i prilikom raspada.
(2) Brak se upisuje u samo uz slobodan i potpun pristanak supružnika.
(3) Obitelj je prirodna i osnovna ćelija društva i ima pravo na zaštitu društva i države.

Član 17.

(1) Svako ima pravo da poseduje imovinu, kao iu zajednici s drugima.
(2) Niko ne smije samovoljno biti lišen svoje imovine.

Član 18.

Svako ima pravo na slobodu misli, savjesti i vjeroispovijesti; ovo pravo uključuje slobodu da promijeni svoju vjeru ili uvjerenje i slobodu, sam ili u zajednici s drugima, javno ili privatno, da manifestira svoju vjeru ili uvjerenje u nastavi, praksi, obožavanje i poštovanje.

Član 19.

Svako ima pravo na slobodu mišljenja i izražavanja; ovo pravo uključuje slobodu mišljenja bez uplitanja i da traži, prima i daje informacije i ideje bilo kojim sredstvima i bez obzira na granice.

Član 20.

(1) Svako ima pravo na slobodu mirnog okupljanja i udruživanja.
(2) Niko ne može biti primoran da pripada nekom udruženju.

Član 21.

(1) Svako ima pravo da učestvuje u vlasti svoje zemlje, neposredno ili preko slobodno izabranih predstavnika.
(2) Svako ima pravo na jednak pristup javnim službama u svojoj zemlji.
(3) Volja naroda treba da bude osnova državne vlasti; ta volja treba da se izražava u povremenim i slobodnim izborima, koji će se sprovoditi opštim i jednakim pravom glasa, a održat će se tajnim glasanjem ili odgovarajućim postupcima slobodnog glasanja.

Član 22.

Svako, kao član društva, ima pravo na socijalno osiguranje i pravo da ostvaruje, preko nacionalnih napora i međunarodne saradnje, au skladu s organizacijom i sredstvima svake države, od ekonomskih, socijalnih i kulturnih prava neophodna za njegovo dostojanstvo i slobodan razvoj njegove ličnosti.

Član 23.

(1) Svako ima pravo na rad, na slobodan izbor zaposlenja, na pravične i zadovoljavajuće uvjete rada i na zaštitu od nezaposlenosti.
(2) Svako, bez ikakve diskriminacije, ima pravo na jednaku plaću za jednaki rad.
(3) Svako ko radi ima pravo na pravednu i zadovoljavajuću naknadu koja njemu i njegovoj porodici egzistenciju koja odgovara ljudskom dostojanstvu i koja će, ako je potrebno, drugim sredstvima socijalne zaštite.
(4) Svako ima pravo da obrazuje i da stupi u sindikate radi zaštite svojih interesa.

Član 24.

Svako ima pravo na odmor i razonodu, uključujući razumno ograničenje radnog vremena i povremeni plaćeni odmor.

Član 25.

(1) Svako ima pravo na životni standard koji odgovara za zdravlje i dobrobit sebe i svoje obitelji, uključujući hranu, odjeću, stanovanje i medicinsku njegu i potrebne socijalne usluge, kao i pravo na osiguranje u slučaju nezaposlenosti, bolesti, nesposobnosti, udovištva, starosti ili drugog nedostatka sredstava za život u okolnostima koje su izvan njegove kontrole.
(2) Majčinstvo i djetinjstva imaju pravo na posebnu njegu i pomoć. Sva djeca, bez obzira da li rođena u braku ili van njega, uživaju istu socijalnu zaštitu.

Član 26.

(1) Svatko ima pravo na obrazovanje. Obrazovanje mora biti besplatno, barem u osnovnim i nižim. Osnovno obrazovanje je obavezno. Tehnički i stručno obrazovanje mora biti svima dostupno visoko obrazovanje mora biti jednako dostupno svima na temelju zasluga.
(2) Obrazovanje treba biti usmjereno punom razvoju ljudske ličnosti i jačanju poštivanja ljudskih prava i temeljnih sloboda. Ono treba da unapređuje razumijevanje, toleranciju i prijateljstvo među svim narodima, rasnim ili vjerskim grupama, i dalje će aktivnosti Ujedinjenih nacija za održavanje mira.

(3) Roditelji imaju prvenstveno pravo da biraju vrstu obrazovanja koje će se dati svoju djecu.

Član 27.

(1) Svako ima pravo da slobodno učestvuje u kulturnom životu zajednice, da uživa u umjetnosti i da učestvuje u naučnom napretku i njegovih prednosti.
(2) Svako ima pravo na zaštitu moralnih i materijalnih interesa koji proističu iz bilo kojeg naučnog, književnog ili umjetničkog proizvodnju čiji je on autor.

Član 28.

Svako ima pravo na društveni i međunarodni poredak u kojem prava i slobode navedene u ovoj Deklaraciji mogu biti potpuno ostvareni.

Član 29.

(1) Svatko ima obaveze prema zajednici u kojoj je jedino moguće slobodno i puno razvijanje njegove ličnosti.
(2) U ostvarivanju svojih prava i sloboda, svi će biti podvrgnuta samo onim ograničenjima koja su određena zakonom isključivo u svrhu osiguravanja dužnog priznanja i poštovanja prava i sloboda drugih i zadovoljenja pravičnih zahtjeva morala , javnog reda i opšteg blagostanja u demokratskom društvu.
(3) Ova prava i slobode mogu se ni u kom slučaju se ostvariti u suprotnosti sa ciljevima i načelima Ujedinjenih naroda.

Član 30.

Ništa u ovoj Deklaraciji ne može se tumačiti kao da podrazumijeva pravo bilo koje države, grupa ili osoba da se upuste u neku djelatnost ili da izvrši neki čin koji ima za cilj uništenje bilo koje od prava i sloboda utvrđenih u ovom dokumentu.

## Poglavlje 30

Poštovani World građani, ja znam da si ti pametan i pokušavaju saznati više informacija i politika u vezi međunarodnih odnosa i kako nas diplomate predstavljati na različitim nivoima u međunarodnoj areni.

Razmišljao sam da sugeriše da je globalni građani moraju imenovati univerzalni odbor za izvršenje svijetu odgovornosti, transparentnosti i pouzdan među ljudima, tako da možemo živjeti i koegzistiraju mirno.

Naravno, globalni građani mogu imenovati svoje univerzalni odbor na temelju geografske reprezentacija u cilju da imenuje koji bi trebalo da bude generalni sekretar Ujedinjenih nacija ili drugih međunarodnih poruke koja predstavlja svijet građane, i moramo se pobrinuti da mafija povezana diplomate i njihovo imenovanje krivično uma političari neće dobiti za zločine protiv čovječnosti.

Koliko rezolucija koju je Vijeće sigurnosti Ujedinjenih naroda?

I da li ste Eve pitati za to?

Pa, pet stalnih članica Vijeća sigurnosti Ujedinjenih naroda izdao mnoge rezolucije, a oni su prvi koji će razbiti takve rezolucije kad god oni vide da je to prijetnja njihovim geopolitičkih interesa.

I ova vrsta prakse za prilagođavanje, potpisivanje i razbijanje rezolucije bio je uobičajena praksa među pet stalnih članica Vijeća sigurnosti Ujedinjenih naroda, i nismo mogli zaustaviti takve nezakonitosti, jer je svijet građana nikada nije imenovao vrha Ujedinjenih nacija.

Možda je, tu je, tu je i ne može biti trik da slepi svijetu građanima kada krivično uma diplomati i političari krši povelje Ujedinjenih naroda i načelima međunarodnog prava.

Želim da svaki građanin sveta za čitanje vijesti i medija kako bi znali kako se svijet politike se izvode u Ujedinjenim nacijama ili drugim međunarodnim organizacijama, a ako vide nešto što ne predstavlja zajednički interes humanosti onda dignemo glas gore.

Molim vas, možete zaštititi mirno protiv ilegalne politike i pogrešno tumačenje povelje Ujedinjenih naroda i međunarodne norme jer imate pravo da koriste slobodu izražavanja u odnosu na članak 19. Univerzalne deklaracije o ljudskim pravima.

Ne mogu dozvoliti da korumpirani diplomata i političara krši lokalne, regionalne i međunarodne norme i zakone, a ne možemo ih gledati da ugrozi globalnu stabilnost i sigurnost.

Pa, ja želim dijeliti svoju zabrinutost pribor diplomatski nezakonitosti u okviru sustava Ujedinjenih naroda i zabraniti bilo diplomate Ujedinjenih naroda koji su korumpirani i prekršio povelje Ujedinjenih naroda i načelima međunarodnog prava.

I treba da ne zaslužuju da zbuni svijetu građanima dalje!

Na taj način; Ja bih svet građane da istraži pet stalnih članica često je Vijeće sigurnosti Ujedinjenih naroda i kako oni igraju kontra špijunažu u okviru Vijeća sigurnosti Ujedinjenih naroda? To je istina, ali niko ne govori ili istražuje špijunaže poslovanje u nacijama sustava Ujedinjenih gdje je pet stalnih članica često je Vijeće sigurnosti Ujedinjenih naroda igraju vitalnu ulogu u sakriti činjenice i trenutne političke nesuglasice.

Ujedinjene nacije postao kao korumpirana kao ukleti đavo, i ja ću da se kandidira za mjesto generalnog sekretara Ujedinjenih nacija u 201 6, ako budem izabran kao generalni sekretar Ujedinjenih prvog američkog Muslimana i muslimanskog svijeta nacije u 2016. godini.

Onda sam se sprovesti i biti u skladu sa povelje Ujedinjenih naroda i međunarodnim normama legalno bez diplomatski i politički uticaj od njih država članica u okviru sustava Ujedinjenih naroda.

I znam da nam ne trebaju diplomatske poznatih ličnosti koje zaziru kad vide kolege diplomate zajebala sa povelje Ujedinjenih naroda i načelima međunarodnog prava.
U osnovi, svi moramo u skladu s tim!

Ako je potrebno diplomate moralno ili psihološka procjena da obavljaju svoje poslove u međunarodnoj areni za posluživanje čovječanstvo onda treba tražiti dodatnu obuku u diplomatiji.

dobro, istina je da diplomati možda potrebna dodatna obuka u diplomatiji, čak i ako je on ili ona je služio u diplomatskom za mnogo godina ranije. Ja stvarno vjerujem da je svijet opasnije od 20. stoljeća.

Koliko zemlje imaju nuklearno oružje?

I koliko zemalja se danas sprovodi da posjeduju nuklearno oružje?

Nema više laži na svijetu građanima, a ne možemo donijeti promjenu u čovječanstvo. Zar to nije loše da se bira isti korumpirani diplomate? Nadam se da se to neće dogoditi da se imenuje na isti korumpirani diplomate jer nam je potrebna promjena u vodstvu u Ujedinjenim nacijama.

Pa, to je loše rukovodstvo odgovornost koja omogućava mnoge svjetske diplomate ili vladine diplomate u Ujedinjenim nacijama da jednostavno i radikalno krši povelje Ujedinjenih naroda i međunarodne norme.

Kako bi bilo da Ujedinjene nacije prikrivanje slučajeva silovanja u mnogim mjestima?

Kako bi bilo da su Ujedinjene nacije Swindling novac na lažne projektima širom svijeta?

Ili kako o korumpiranim ponudama Ujedinjenih naroda kao što je ulje za gotovinu?

Brinem svijeta građana, i moram da sprovede iu skladu sa povelje Ujedinjenih naroda i međunarodne norme.

Ako su oštećene diplomata ili zaposleni Ujedinjenih nacija onda bolje očistiti svoje ime prije nego što je previše, jer je sve legalno i povjerljivoj prijavili.

Želimo da Ujedinjene nacije da rade za zajednički interes građana svijeta, a mi se ne kupuju iz oštećene diplomata i njihovi imenovani lidere da krši povelje Ujedinjenih naroda i međunarodnim normama.

Pa, ja nisam bio u redu s krivično uma diplomata koji je zastupao i potpisao opasan bavi među pet Korumpiran Stalni Ujedinjenih naroda, i oni su prekršili tako opasnom sporazuma nakon nekoliko minuta, sati, dana ili mjeseci prije nego što čak i dostigne godinu.

Da, kršenja treba zaustaviti neminovno.

Ne postoje diplomatski grešaka osim ako oštećen diplomate među pet stalnih članica Vijeća sigurnosti Ujedinjenih naroda radimo, i mi moramo promijeniti svoje emotivne i političke stavove za iskliznuće globalni mir.

Mi, građani svijeta otkrili nije politika Ujedinjenih nacija nakon negdje kad neko ko je ili insajder ili autsajder curi doći na svijetu.

Znamo da je unutrašnja nadzor usluge Ujedinjenih nacija ne donosi precizan istrage, Integrity, nepristrasnost, objektivnost i profesionalizam među pet stalnih članica Vijeća sigurnosti Ujedinjenih naroda i općenito u okviru sustava Ujedinjenih naroda.

To je istina!

Da li smo spremni da imenuje pravi kandidat za generalnog sekretara Ujedinjenih nacija 2016. godine?

Da, mislim da je svijet građani spremni da se zalažu i podršci direktno nekoga s različitim pozadina, koji nije bio oštećen diplomata i političar drugdje širom svijeta.

Počeo sam da razmišljam da se kandidira za generalnog sekretara Ujedinjenih nacija 1995. godine, kada sam bila tako mlada, i od tada sam se zalažu za globalni mir na nacionalnom, regionalnom i univerzalno.

Moram vizionar misiju da zaustavi širom svijeta diplomatske greške i korupciju, a ja neću dozvoliti Pet Korumpiran stalne članice Vijeća sigurnosti Ujedinjenih naroda da krše povelje Ujedinjenih naroda i načelima međunarodnog prava.

Da li su na rizik za nuklearni rat?

Da, ako se nuklearni pogon naroda počinje boriti protiv drugog naroda naoružani najsmrtonosnijih oružja za masovno uništenje.

Je Ujedinjene nacije promoviranju mira?

Ne, jer je vrlo jasno da je pet Korumpiran stalnih članica Vijeća sigurnosti Ujedinjenih naroda je drago da nas zavede, pa oni počnu onda da se ne slažu oni koriste veto pokazati diplomatije nadmoć kako krše jahti od Vijeća sigurnosti Ujedinjenih naroda i međunarodne norme.

Mnoga pitanja popunjeno uskoro!

Mi znamo da je jedini način da se pravda da imenuje čist i visoko obrazovani ljudi koji imaju osjećaj za humanost i vole okoliš, kao i sve što je u!

Nema više kockanja šala!

Neka nas riješiti krizu i politički sukobi mirno i mudro.

Ja mislim da ako diplomati i političari pogrešno shvatio liderstvo, oni su ljudi!

Svako radi grešku!

A ako volite mir onda ne započeti rat na bilo koji način!

Molimo vas da ako vidite nešto nije u redu, možete nešto o tome reći tako, možete koristiti za obavijestiti svijetu građane u tako mnogo načina.

Pokušajte da koriste društvene medije ili druge emitovanje kanala, a ja želim da znaš da je bolje da se podigne svoju zabrinutost zbog loše globalne politike i političkih derailments.

Rim nije izgrađen za jedan dan!

Tehnički gledano, pretpostavljamo da se zaustavi krivično uma diplomati i političari, to nema smisla bez obzira na vlast ili post on ili ona je sve dok oni slomiti sve zakone drži!

Da, treba nam pravda za sve!

A pravda je jedini način na koji možemo imati mir u ovoj planeti!

Neograničene i neumorni napori za dobro upravljanje i diplomatija mora biti ključna prioriteta u okviru sustava Ujedinjenih naroda, a mi ćemo morati surađivati kako bi se postigla plemenite i ciljane misije Ujedinjenih nacija i međunarodnih organizacija.

Žene i mladi moraju dobiti pošteno i dovoljno reprezentacije na nacionalnom, regionalnom i globalnom nivou, a mi znamo znamo da je većina svjetske populacije su žene i mlade, i mi moramo pomoći našim ljudima jednako i žive u ovoj domovini mirno.

Da, ako žena i mladih su sretni onda ćemo imati mir na zemlji, ali mi uskratiti njihova prava onda nećemo biti sigurniji jer njihova kletva će doći i eliminirati loših ljudi koji su pogrešno njihovih zajedničkih interesa.

*Dr. Badal Kariye*

U Boga vjerujemo!

Bog blagoslovio svijetu!

Amen!

www.ingramcontent.com/pod-product-compliance
Ingram Content Group UK Ltd.
Pitfield, Milton Keynes, MK11 3LW, UK
UKHW051134260726
13967UKWH00010B/3045

9 781329 682962